À plus !
Nouvelle édition

2

101
Grammatikübungen

W0068054

Du findest alle Lösungen online unter
www.cornelsen.de/webcodes.
Gib dort APLUS-2-101U ein.

Vokabel Trainer

Cornelsen

Vokabeltrainer-App

*Verfügbar für: iOS, Android
und Windows Phone*

Cornelsen

À plus! 2 *Nouvelle édition*
101 Grammatikübungen

Im Auftrag des Verlages erarbeitet von:
Claudia Engeln, Berlin

Projektleitung: Julia Goltz

Illustrationen: Laurent Lalo
Umschlaggestaltung: werkstatt für Gebrauchsgrafik
Layout und technische Umsetzung: graphitecture book & edition

Du findest alle Lösungen online unter
www.cornelsen.de/webcodes.
Gib dort APLUS-2-101U ein.

www.cornelsen.de

1. Auflage, 2. Druck 2018

© 2017 Cornelsen Verlag GmbH, Berlin

Druck: AZ Druck und Datentechnik GmbH, Kempten

ISBN 978-3-06-121625-2

PEFC zertifiziert
Dieses Produkt stammt aus nachhaltig
bewirtschafteten Wäldern und kontrollierten
Quellen.

www.pefc.de

PEFC
PEFC/04-31-2260

UNITÉ 1

VOLET 1

Le verbe irrégulier *venir* | Das unregelmäßige Verb *venir* 5
Je voudrais + infinitif | *Je voudrais* + Infinitif 7
Le verbe *jouer* + *à/de* | Das Verb *jouer* + *à/de* 8

VOLET 2

Les pronoms relatifs *où, qui et que* | Die Relativpronomen *où, qui* und *que* 11
La place de l'adjectif | Die Stellung des Adjektivs 14
Pour + infinitif | *Pour* + Infinitiv 16
Les verbes en *-ir* (type *sortir*) | Die Verben auf *-ir* (Typ *sortir*) 17
Le verbe irrégulier *voir* | Das unregelmäßige Verb *voir* 20

UNITÉ 2

VOLET 1

Le passé composé + *avoir* | Das *passé composé* + *avoir* 23
La négation avec *ne ... rien* et *ne ... jamais* |
Die Verneinung mit *ne ... rien* und *ne ... jamais* 26

VOLET 2

Le passé composé + *être* | Das *passé composé* + *être* 29
Les pronoms personnels disjoints | Die unverbundenen Personalpronomen .. 33
Le verbe irrégulier *devoir* | Das unregelmäßige Verb *devoir* 36

VOLET 3

Le participe passé | Das Partizip Perfekt 39
Le passé composé et la négation | Das *passé composé* und die Verneinung.... 43

UNITÉ 3

VOLET 1

Le déterminant interrogatif *quel* | Der Fragebegleiter *quel* 46
Le verbe irrégulier *lire* | Das unregelmäßige Verb *lire* 49

VOLET 2

Le comparatif de l'adjectif | Der Komparativ der Adjektive 51
Le déterminant démonstratif *ce* | Der Demonstrativbegleiter *ce* 54
Les adjectifs *beau* et *nouveau* | Die Adjektive *beau* und *nouveau* 57
Le verbe irrégulier *mettre* | Das unregelmäßige Verb *mettre* 60

VOLET 3

Il faut + infinitif | *Il faut* + Infinitiv 64
Le superlatif de l'adjectif | Der Superlativ der Adjektive 66

Les verbes en *-yer* | Die Verben auf *-yer* 71
Le verbe irrégulier *dire* | Das unregelmäßige Verb *dire* 73

UNITÉ 4

VOLET 1–2
On pourrait + infinitif | *On pourrait* + Infinitiv 80
Le déterminant *tout* | Der Begleiter *tout* 83
Le complément d'objet indirect | Das indirekte Objekt 86
Les verbes en *-ir* (type *réagir*) | Die Verben auf *-ir* (Typ *réagir*) 90

VOLET 3
Le discours indirect / L'interrogation indirecte | Die indirekte Rede/Frage 94
L'article partitif | Der Teilungsartikel 97
Le verbe irrégulier *connaître* | Das unregelmäßige Verb *connaître* 101

MODULE
Le pronom *en* | Das Pronomen *en* 106

UNITÉ 5

VOLET 1
Les pronoms objet indirect *lui, leur* |
Die indirekten Objektpronomen *lui, leur* 110

VOLET 2
Les pronoms objet *me, te, nous, vous* |
Die indirekten Objektpronomen *me, te, nous, vous* 115
L'impératif négatif | Der verneinte Imperativ 120
Les adjectifs en *-eux* | Die Adjektive auf *-eux* 123

VOLET 3
La négation avec *ne … personne* | Die Verneinung mit *ne … personne* 126
Le verbe irrégulier *écrire* | Das unregelmäßige Verb *écrire* 130

UNITÉ 6

VOLET 1–2
Les verbes pronominaux au présent | Die reflexiven Verben im Präsens 134
L'interrogation avec inversion | Die Inversionsfrage 137
L'interrogation avec préposition + *qui/quoi* |
Die Frage mit Präposition und *qui/quoi* 140
Les verbes en *-ir* (type *offrir*) | Die Verben auf *-ir* (Typ *offrir*) 143

MODULE
L'imparfait | Das *imparfait* 147

Unité **1**

VOLET 1

Le verbe irrégulier *venir* | Das unregelmäßige Verb *venir*

Du sagst, woher du kommst:

Je **viens** de Montpellier.
D'où est-ce qu'ils **viennent**?

➡️ Dazu brauchst du:

das Verb *venir*

Complète.

venir (kommen)

je _____

tu _____

il/elle/on _____ vient _____

nous _____

vous _____

ils/elles _____

Imperativ _____ _____ _____ Venez. _____

Venez vite! Le bus!

---

1 **Complète le dialogue. Utilise *venir*.**

I. **Paula, la correspondante de Charlotte:** Je _____ viens _____

de Berlin. Mais mes parents _____ de Rome.

2. **Charlotte:** Mon frère et moi, nous _____ de Montpellier. Mais

mon père _____ d'Allemagne et ma mère et sa famille

_____ de Bretagne.

3. **Puis, Charlotte téléphone à ses copains Yann et Ibrahim:** Ma correspondante

Paula est là. Et Sophie _____ à trois heures. Vous

_____ aussi?

4. **Son frère demande à Charlotte:** Tes amis _____?

Charlotte: Oui, à trois heures! Nous voulons visiter la ville. Tu

_____ avec nous?

Grammaire mixte

2 **Complète les phrases. Utilise les verbes suivants.**

venir – pouvoir – être – prendre – aller

1. – Je _____vais_____ au cinéma. Tu _____viens_____

   avec moi? – Non, je ne _____peux_____ pas.

2. – Alors les élèves, vous _____? Le prof _____ déjà là!

3. – Quand est-ce que ton correspondant _____ à Montpellier?

4. – Tu _____ le bus avec moi ou tu _____ au collège à

   pied?

5. – Tu _____ chez moi à deux heures et on _____ en

   ville ensemble, d'accord?

Je voudrais + infinitif | *Je voudrais* + Infinitiv

Du äußerst den Wunsch, etwas zu tun oder zu sein:

Je voudrais être célèbre.

Dazu brauchst du:

➡ *Je voudrais* + Infinitiv

Complète les phrases.

– Je voudrais jouer _____ au ping-ping. Et toi? (*jouer*)

– _____ à la piscine. (*aller*)

– Et moi, _____ du handball. (*faire*)

1 **Complète les phrases. Utilise** *Je voudrais* **+ infinitif.**

> einen Kuchen backen – ins Schwimmbad gehen – tanzen – Comics lesen –
> meine Freunde einladen – mit meinem Hund spielen – eine Party feiern

1. Aujourd'hui, je voudrais faire un gâteau. _____

2. Aujourd'hui, _____

3. Aujourd'hui, _____

4. Aujourd'hui, _____

5. Aujourd'hui, _____

6. Aujourd'hui, _____

7. Aujourd'hui, _____

Le verbe *jouer* + *à/de* | Das Verb *jouer* + *à/de*

Du sagst, welches Spiel oder Instrument du spielst:

Je **joue au** handball.
Max et Sophie **jouent de la** guitare.

➡ Dazu brauchst du:

jouer + *à/de*

Complète les phrases.

– Je _____ joue au ping-pong _____. Et toi? (*ping-pong*)

– Moi, je _____. (*foot*)

– Mes copains et moi, nous _____. (*flûte*)

– Sophie, tu _____? (*guitare*)

Merke:
jouer à qc   ein (Ball-)Spiel spielen
jouer de qc   ein Instrument spielen

1 a **Complète les phrases. Utilise** *jouer* + *à*.

Selma: _____ Jouer au _____ beach-volley à la plage?

C'est ma passion!

Anthony: Mon copain et moi, nous _____

souvent _____ jeux vidéo.

Marc: Ma petite sœur _____ poupée[1].

Elle adore ça!

1 **à la poupée** mit der Puppe ➔➔➔

 **Nathalie:** Mon frère _____ toujours

_____ ping-pong.

 **Philippe:** Moi, je _____ souvent _____

handball.

 **Sandrine:** Après l'école, j'aime bien _____

foot.

b **Complète les phrases. Utilise** *jouer* **+** *de*.

 **Magalie:** Ma sœur et moi, nous _____*jouons du*_____

piano.

 **Flore:** Je _____ accordéon.

 **Julien:** Je _____ guitare pour moi et pour

mes amis. C'est super!

 **Nathalie:** Mes copines et moi, nous

_____ flûte.

 **Philippe:** Moi, je _____ percussions.

Sandrine: Mon frère _____ violon[1].

C'est l'horreur!   1 **le violon** die Geige

Complète les phrases. Utilise *jouer* **+** *à/de.*

1. Vincent et Paul jouent au foot.

2. Béatrice _____

   _____

3. Sandrine _____

   _____

4. Maxime et ses amis _____

   _____

5. Thierry _____

   _____

6. Tarik _____

Überprüfe deine Lösungen. Du findest alle Lösungen online unter www.cornelsen.de/webcodes. Gib dort APLUS-2-101U ein.

Was hast du richtig gut gekonnt? Schreibe es hier auf:

_____

_____

Was musst du noch üben? Schreibe es hier auf. Lies zu diesen Themen die Regeln in deinem Grammatikheft nach und bitte deinen Lehrer / deine Lehrerin um Unterstützung.

_____

_____

VOLET 2

Les pronoms relatifs *où*, *qui* et *que* | Die Relativpronomen *où*, *qui* und *que*

Du machst Angaben zu Orten/Personen/Sachen:

On va au Vieux Port **où** il y a beaucoup de monde.
Lisa, c'est une fille **qui** est en 5ᵉ.
Voilà le coin **que** je préfère.

Dazu brauchst du:

→ die Relativpronomen *où*, *qui* und *que*

Complète par *où*, *qui* **ou** *que*.

C'est une ville _____où_____ il y a beaucoup de cafés.

Nathan a un frère _____ a 15 ans.

La fille _____ j'adore s'appelle Zoé.

Merke:
Qui ist immer das Subjekt des Relativsatzes. Deshalb folgt auf *qui* ein Verb.

---

(1) **Complète les phrases. Utilise** *où*.

1. Montpellier est une ville _____où_____ il y a beaucoup de choses à visiter.

2. C'est une ville près de la mer _____ on peut faire de la natation et aussi près de la montagne _____ on peut faire des randonnées. ➔➔➔

3. Lisa habite dans la vieille ville ＿＿＿＿＿＿＿ il y a des rues piétonnes, des

jolies places et des cafés branchés.

4. Bilal aime bien la piscine dans le quartier Antigone ＿＿＿＿＿＿＿ il va

souvent.

5. Montpellier, c'est une ville ＿＿＿＿＿＿＿ les gens aiment sortir.

6. C'est aussi la ville du soleil, une ville ＿＿＿＿＿＿＿ on voit beaucoup de

gens dehors.

2 **Complète les phrases. Utilise** *qui.*

Nouria, c'est qui?

1. C'est la fille qui déteste le tatouage. ＿＿＿＿＿＿＿

2. C'est la fille ＿＿＿＿＿＿＿＿＿＿＿＿

3. C'est la fille ＿＿＿＿＿＿＿＿＿＿＿＿

4. C'est la fille ＿＿＿＿＿＿＿＿＿＿＿＿

5. C'est la fille ＿＿＿＿＿＿＿＿＿＿＿＿

le basketball

le dessin *le tatouage*

3 **Complète les phrases. Utilise** *que.*

Lilli parle de Nouria:

1. Nouria, c'est une fille que Mathilde ＿＿＿＿＿

aime bien. ＿＿＿＿＿＿＿＿＿＿＿

Mathilde aime bien
Nouria.
Selma trouve
Nouria sympa.
Alex invite Nouria
à sa fête.
Tu vas aimer Nouria
aussi!

2. C'est une fille ＿＿＿＿＿＿＿＿＿＿＿＿＿＿＿＿

3. C'est une fille ＿＿＿＿＿＿＿＿＿＿＿＿＿＿＿＿

4. C'est une fille ＿＿＿＿＿＿＿＿＿＿＿＿＿＿＿＿

4 Complète les phrases. Utilise *qui*, *que*, *qu'* ou *où*.

A: Paul

Salut Yann,

Nous habitons dans une maison _____ n'est pas grande mais assez

confortable[1]. Il y a aussi un jardin _____ on peut bien jouer. Les

voisins, _____ viennent de Paris, sont très sympa. C'est une famille

avec un chien _____ j'adore et une grand-mère _____ on ne voit

jamais. Les enfants, _____ j'aime bien aussi, ont notre âge. Nous al-

lons tous les jours à la plage _____ est très branchée et _____ on

peut bien faire de la natation. Je fais beaucoup de photos _____ tu

peux regarder à la rentrée. Ici, on oublie[2] les problèmes _____ on peut

avoir. Vraiment, c'est un endroit _____ on peut rêver!

Grosses bises et à bientôt, Paul (_____ aime bien les vacances ☺).

1 **confortable** komfortabel   2 **oublier qc/qn** etwas/jemanden vergessen

5 Complète par les pronoms relatifs *qui*, *que*, *qu'*, *où*.

1. La ville _____ **où** _____ la famille Bouvier habite, c'est Saint-Herblain.

2. Les enfants de M. et Mme Bouvier, c'est Charlotte _____ a 13 ans,

   Isabelle _____ a 11 ans et Loïc _____ a 7 ans.

3. Aujourd'hui, Charlotte va chez Fabienne _____ elle aime bien.

4. Charlotte ne connaît[1] pas la rue _____ Fabienne habite.

5. Alors, elle regarde sur le plan _____ son père achète pour elle.

1 **connaître qn/qc** jdn/etw. kennen

La place de l'adjectif | Die Stellung des Adjektivs

Du beschreibst etwas oder jemanden näher:

Montpellier est une **grande** ville **moderne**.

Dazu brauchst du:

➡️ **vor und nachgestellte Adjektive**

Complète par l'adjectif. Attention à la place et à l'accord.

Le musée propose des _____ expositions <u>intéressantes</u> . (*intéressant*)

Carnon, c'est notre _____ plage _____. (*préféré*)

On aime les ___ **petites** ___ rues _____. (*petit, tranquille*)

J'habite dans une _____ maison _____. (*grand*)

Près d'ici, il y a des _____ plages _____. (*joli*)

C'est une _____ idée _____! (*bon*)

Merke:
Im Französischen stehen die meisten Adjektive <u>hinter</u> dem Nomen.
Nur eine kleine Gruppe von Adjektiven steht <u>vor</u> dem Nomen, z. B. *bon/bonne, grand/e, petit/e, joli/e.*

1 a Quels adjectifs vont toujours devant le nom? Souligne.

possible – moche – <u>grand/e</u> – facile – petit/e – intéressant/e – célèbre –

bon/ne – joli/e – branché/e – tranquille – moderne – sympa – magnifique

b Attention aux erreurs! Les adjectifs ne sont pas à leur place. Corrige .

À: Mimi

Salut Momo,

Merci pour tes intéressantes photos! Je les trouve super. J'adore la photo où ton frère est avec sa copine jolie! J'ai une question petite: ta sympa copine n'est pas sur les photos. Tu ne la vois[1] plus? Tu vas bientôt venir chez nous, c'est une idée bonne! On va faire des magnifiques choses ensemble. Je suis très contente!

Grosses bises et @+!
Mimi

1 **voir qn** jemanden sehen, treffen

---

tes photos intéressantes _____

_____

_____

_____

2 **Complète les phrases. Mets l'adjectif à sa place.**

Voilà votre horoscope de cette semaine:

1. Vous êtes une _____ personne[1] ____sympa____. (sympathisch)

2. Vous allez avoir des _____ problèmes _____ d'argent. (klein)

3. Mais vous allez avoir des _____ idées _____. (gut)

4. Et vous allez avoir une _____ chance[2] _____.
   (interessant)

5. Une _____ personne _____ va vous aider. (berühmt)

6. C'est sûr! Pour vous, ça va être une _____ semaine

_____. (großartig)

1 **la personne** die Person
2 **la chance** das Glück, die Chance

Pour + **infinitif** | *Pour* + **Infinitiv**

Du drückst eine Absicht aus oder sagst,
wozu etwas dient:

Je vais au stade **pour faire** du foot.

Dazu brauchst du:

➡ *pour* + **Infinitiv**

Complète par *pour* + infinitif.

Les gens vont dans les cafés ____**pour prendre**____ quelque chose. (*prendre*)

Les jumelles, c'est un truc _____ des animaux. (*observer*)

Les garçons vont à la plage _____ au beach-volley. (*jouer*)

Merke:
Der Infinitiv mit *pour* entspricht dem Deutschen „um ... zu".

1 **Complète par** *pour* + infinitif.

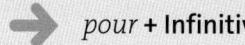

1. Le hip-hop, c'est super _____**pour danser**_____. (tanzen)

2. _____, je vais au stade. (Sport treiben)

3. Nora veut aller en France _____ Paris. (besichtigen)

4. Nous aimons les terrasses des cafés à Montpellier _____

   des amis. (treffen)

5. Les enfants partent maintenant _____ à l'école. (gehen)

6. Je vais acheter deux tablettes des chocolat _____

   un gâteau. (machen)

Les verbes en -ir (type *sortir*) | Die Verben auf -ir (Typ *sortir*)

Du sagst, dass du ausgehst/wegfährst:

Est-ce que tu `pars` en France pendant les vacances?

Dazu brauchst du:

➡ **die Verben** *sortir* **und** *partir*

Complète.

partir (weggehen, wegfahren)

je _____

tu _____pars_____

il/elle/on _____

nous _____

vous _____

ils/elles _____

Imperativ ____Pars.____ _____ _____

Il part de Montpellier.

Das Verb *sortir* (ausgehen, rausgehen) wird ebenso konjugiert.

Les copains sortent du cinéma.

1 **a Retrouve les formes des verbes et note-les.** | Finde die Verbformen wieder und schreibe sie auf. Was stellst du fest?

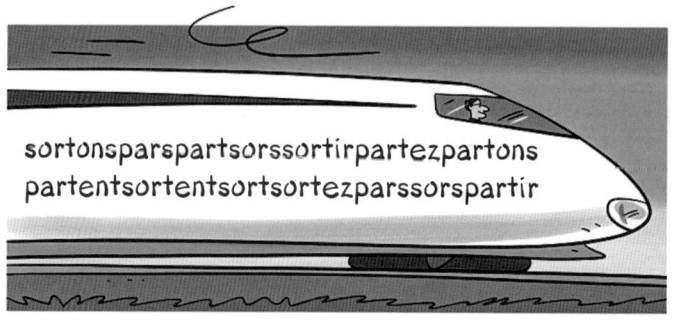

sortonsparspartsorssortirpartezpartons
partentsortentsortortezparssorspartir

_____   _____

je	_____	je	_____
tu	_____	tu	__**pars**__
il/elle/on	__**sort**__	il/elle/on	_____
nous	_____	nous	_____
vous	_____	vous	_____
ils/elles	_____	ils/elles	_____

Hinweis: _____

_____

b Complète par *partir* **ou** *sortir*.

Ils veulent _____ le soir.   Elles vont bientôt _____.

2 *Partir* ou *sortir*? Complète.

1

Salut Sara, c'est Marie!

Ah, c'est toi! Salut!

Est-ce que tu _____pars_____ chez ta tante aujourd'hui?

Non, je ne _____ pas chez ma tante aujourd'hui.

2

Alors vous _____ demain?

Oui, on _____ demain.

3

Et qu'est-ce que tu fais maintenant?

Là, maintenant, je suis chez Mathilde, je _____

avec les copines. On va au cinéma. Et toi, tu es chez toi?

Oui, je suis chez moi avec Nathalie. On regarde un DVD.

4

Tes frères sont là aussi? Ils _____ avec les copains plus tard?

Oui, ils _____ à six heures.

5

Ah ... Et quand est-ce que vous _____ à Paris?

Nous _____ demain. Alors, bonnes vacances!

C'est ça, bonnes vacances! À plus!

Le verbe irrégulier *voir* | Das unregelmäßige Verb *voir*

Du gibst an, wen oder was du siehst:

Je **vois** quelque chose que tu ne **vois** pas et c'est noir.

Dazu brauchst du:

→ **das Verb** *voir*

Complète.

voir (sehen)

je _____

tu _____

il/elle/on _____

nous _____

vous _____*voyez*_____

ils/elles _____

Imperativ _____ _____*Voyons.*_____ _____

> Tu vois quelque chose?

(**1**) **Complète les phrases par le verbe *voir*.**

1 Tu ___*vois*___ Fantômas[1]?

Non.

Je le _____!
Il est là-bas!

Tu le _____ où?

➤➤➤

2 Coucou[2]! Vous ne me _____ pas?

On ne le _____ pas!

Moi, je vous _____.

3 Vous me _____ ?

Ils ne me _____ pas.

1 **Fantômas** Gangster, der niemals gefasst wird. 1911 von Marcel Alain und Pierre Souvestre erfunden. Berühmter Film von Louis Feuillade (1913/14); später weitere Verfilmungen.

2 **Coucou!** Kuckuck!

Grammaire mixte

Complète les phrases par les verbes entre parenthèses.

1. **Paul:** Tu _____vois_____ (sehen) la fille là-bas?

Gustave: Euh ... Non, je ne la _____

(sehen) pas.

Paul: C'est Charlotte. Ce soir, je _____ (ausgehen) avec elle.

Gustave: Où est-ce que vous _____ (ausgehen)?

Paul: On _____ (ausgehen) en ville.

Gustave: Quand est-ce que tu _____ (losgehen)?

Paul: Je _____ (losgehen) à 18 heures. ➜➜➜

2. – Qu'est-ce que vous _____ (sehen)?

   – Je _____ (sehen) beaucoup

   d'argent … une maison … une dame célèbre …

   et vous _____ ((weg-)fahren) en vacances avec elle …

3. **Le père:** Je _____ (sehen) la tour Eiffel! Nicole,

   _____ (kommen) avec moi!

   La mère: Les enfants, _____ (kommen) aussi s'il vous plaît!

4. – Vous _____ (sehen) quelque chose?

   – Oui, nous _____ (sehen) beaucoup!

   _____ (kommen) voir! Attendez,

   nous _____ (hinausgehen).

Überprüfe deine Lösungen. Du findest alle Lösungen online unter
www.cornelsen.de/webcodes. Gib dort APLUS-2-101U ein.

Was hast du richtig gut gekonnt? Schreibe es hier auf:

_____

_____

Was musst du noch üben? Schreibe es hier auf. Lies zu diesen Themen die Regeln
in deinem Grammatikheft nach und bitte deinen Lehrer / deine Lehrerin um
Unterstützung.

_____

_____

VOLET 1

Le passé composé + *avoir* | **Das** *passé composé* + *avoir*

Du sprichst über Vergangenes:

Elle **a préparé** des sandwichs.

➡️ Dazu brauchst du:

das *passé composé*

Complète.

j' _____

tu _____

il/elle/on _____ a préparé _____

nous _____

vous _____

ils/elles _____

Il a préparé une bonne soupe[1].

Das *passé composé* bildet man mit der konjugierten Form von _____

im Präsens und dem Partizip Perfekt des Verbs. Das Partizip hat anstelle der

Endung -*er* die Endung _____.

Merke:
Die meisten Verben, die im Deutschen das Perfekt mit *haben* bilden,
bilden das *passé composé* mit *avoir*.

1 **la soupe** die Suppe

1 Complète les phrases. Utilise le passé composé.

Dans son journal[1], Sophie raconte:

Cher journal,

1. Aujourd'hui, nous __avons visité__ (*visiter*) la ville avec Christine.

2. On _____ (*commencer*) au musée Fabre.

3. Christine _____ (*visiter*) le musée et elle

    _____ (*photographier*[2]) le parc derrière le musée.

4. Puis j'_____ (*acheter*) une carte.

5. Le soir, j'_____ (*téléphoner*) à mes parents.

6. Mon père _____ (*raconter*) de leur

    pique-nique: ils _____ (*manger*)

    beaucoup de sandwichs et ma mère _____

    (*dessiner*) la nature fantastique.

7. Puis, ma mère a toujours la même[3] question: Et vous, les filles,

    qu'est-ce que vous _____ (*manger*)?

    Et moi: Mais maman, des spaghettis! ☺

8. Et toi, mon cher journal, est-ce que tu _____

    (*passer*) une bonne journée aussi?

---

1 **le journal** das Tagebuch

2 **photographier qn/qc** jdn/etw. fotografieren

3 **même** *m./f.* gleich/e

2 Qu'est-ce qu'ils ont fait? Raconte au passé composé.

Elle a téléphoné. _____   _____

_____   _____

_____   _____

_____   _____

_____   _____

_____   _____

La négation avec *ne ... rien* et *ne ... jamais* | Die Verneinung mit *ne ... rien* und *ne ... jamais*

Du verneinst etwas:

Ça **ne** fait **rien**.
Il **n'**est **jamais** à l'heure.

Dazu brauchst du:

die Verneinung mit
ne ... rien **und** *ne ... jamais*

Complète.

Zoé ____ne____ trouve ____pas____ ses clés.　(nicht)

Ils _____ préparent _____.　(nichts)

Je _____ fais _____ mon lit.　(niemals)

Merke:

ne + konjugiertes Verb +
　　　　　　pas
　　　　　　plus
　　　　　　rien
　　　　　　jamais

toujours ≠ ne ... jamais
quelque chose ≠ ne ... rien

1　**Réponds aux questions. Utilise *ne ... rien* ou *ne ... jamais*.**

1. – Est-ce que Charlotte fait souvent les courses?

   – Non, <u>elle ne fait jamais les courses.</u>

2. – Est-ce que vos corres parlent souvent allemand?

   – Non, _____ ➤➤➤

3. – Est-ce que le petit mange quelque chose?

– Non, _____

4. – Est-ce que ta sœur fait toujours ses devoirs?

– Non, _____

5. – Est-ce que tu vois quelque chose?

– Non, _____

Grammaire mixte

2 a **Traduis les phrases. Utilise** *ne ... rien*, *ne ... jamais*, *ne ... pas*, *ne ... plus*.

1. Sie kauft die CD nicht.

   <u>Elle n'achète pas le CD.</u> _____

2. Am Wochenende macht David nichts.

   _____

   _____

3. Sie arbeitet nie.

   _____

4. Die Kinder singen nicht mehr.

   _____

5. Heute gehe ich nicht zur Schule.

   _____

b Mets les phrases de **a** au futur composé.

1. <u>Elle ne va pas acheter le CD.</u>

2. _____

3. _____

4. _____

5. _____

Überprüfe deine Lösungen. Du findest alle Lösungen online unter www.cornelsen.de/webcodes. Gib dort APLUS-2-101U ein.

Was hast du richtig gut gekonnt? Schreibe es hier auf:

_____

_____

_____

Was musst du noch üben? Schreibe es hier auf. Lies zu diesen Themen die Regeln in deinem Grammatikheft nach und bitte deinen Lehrer / deine Lehrerin um Unterstützung.

_____

_____

_____

VOLET 2

Le passé composé + *être* | Das *passé composé* + *être*

Du sprichst über Vergangenes:

Elle **est restée** chez Zoé.

Dazu brauchst du:

➡️ **das** *passé composé* + *être*

Complète.

je	suis resté	/ suis restée
tu	_____	/ _____
il	_____	
elle	_____	
on	_____	/ _____
nous	_____	/ _____
vous (Sie)	êtes resté	/ êtes restée
vous (ihr)	êtes restés	/ êtes restées
ils	_____	
elles	_____	

Fast alle Verben, die im Deutschen das Perfekt mit *sein* bilden, bilden auch das *passé composé* mit *être*. In der Vokabelliste in deinem Französischbuch sind diese Verben mit einem kleinen (ê) gekennzeichnet, z. B. (ê)*venir*.

1 Complète les phrases au passé composé. Utilise *Il/Elle/Ils/Elles*.

1. _____**Ils**_____ sont arrivés chez leurs correspondants.

2. _____ est partie chez son grand-père.

3. _____ est monté dans le tram.

4. _____ sont allées à la mer.

5. _____ sont allés en ville.

6. _____ sont tombées.

7. _____ est retournée à Paris.

2 a Écris les phrases au passé composé + *être*.

Qu'est-ce que Zoé a fait hier?

passer par la boulangerie

monter dans le bus

aller à la rue Foch

arriver au numéro 18

entrer chez sa tante

1. _Zoé est passée par la boulangerie._____

2. _____

3. _____

4. _____

5. _____

b Qu'est-ce qu'il a fait? Remplace Zoé par Léo et raconte l'histoire de a encore une fois. | Was hat er gemacht? Ersetze Zoé durch Léo und erzähle die Geschichte von **a** noch einmal.

1. Léo est passé par la boulangerie. _____

2. _____

3. _____

4. _____

5. _____

Grammaire mixte

3

Complète les phrases. Utilise le passé composé + *avoir*/*être*.

aller – entrer – rester (2 x) – visiter (2 x) – acheter – arriver – ~~passer~~

| À: | Tom |

Salut Martin,

Nous _____ **avons passé** _____ un bon week-end à Montpellier. Nous

_____ trois jours. Nous _____ la place

de la Comédie, bien sûr. Moi, je _____ dans le Polygone

et je _____ deux heures à la Fnac. J'_____

un CD et des mangas. Mes parents _____ dans un café.

Ma sœur Marie _____ à 17 heures. Ensemble, nous

_____ le quartier d'Antigone. C'est notre endroit préféré à

Montpellier! À plus! Tom

4 Forme des phrases. Utilise le passé composé + *avoir/être*.

mit jdm telefonieren

Il a téléphoné à Félix.

_____

gehen

_____

_____

ansehen

_____

_____

bleiben

_____

_____

einsteigen

_____

_____

eine Partie Karten spielen

_____

_____

hören

_____

_____

Les pronoms personnels disjoints | Die unverbundenen Personalpronomen

Du verweist auf Personen:

Tu as joué **avec lui**?

→ Dazu brauchst du:

die unverbundenen Personal-pronomen

Complète.

– Lisa, c'est qui? – Cest _____moi_____. (Das bin ich.)

– Où est mon sac? – Regarde, il est derrière _____. (... hinter dir.)

– Yann, c'est toi? – Non, Yann, c'est _____. (Das ist er.)

– Tu travailles avec moi? – Non, je travaille avec _____. (... mit ihr.)

– Salut, je rentre. – Tu ne restes pas avec _____? (... mit uns?)

– Tu vas à Montpellier? – Oui, mais sans _____. (... ohne euch.)

– Voilà mes copains. – Tu rentres avec _____? (... mit ihnen?)

– Tu vas chez Lisa et Zoé? – Oui, je vais chez _____. (... zu ihnen.)

Votre prof de géo, c'est elle?

Non, ce n'est pas elle. C'est lui.

1   **Complète. Utilise les pronoms personnels disjoints** *moi, toi, lui, elle, nous, vous, eux, elles*.

1. **Robert:** Salut, Laura. C'est _____moi_____, Robert. Ça va?

2. **Laura:** Oui, merci. Et _____?

3. **Robert:** Ça va. Écoute, Nathan et _____, nous allons à la fête de Grégoire ensemble. Tu vas avec _____?

4. **Laura:** D'accord. Qu'est-ce que vous avez comme cadeau pour _____?

5. **Robert:** Une bédé. Et _____, les filles?

6. **Laura:** Un CD. Elisa a préparé un gâteau, mais elle a oublié le sucre. C'est toujours comme ça avec _____.

7. **Robert:** Alex et Nathan ont préparé des quiches[1] pour la fête. J'ai travaillé avec _____ dans la cuisine. Nos quiches sont super bonnes!

   Laura: Vous êtes trop cool! Alors, à plus!   1 **la quiche** die Quiche (herzhafter „Kuchen")

Grammaire mixte

2   **Complète. Utilise les pronoms personnels disjoints** *moi, toi, lui, elle, nous, vous, eux, elles* **ou les pronoms objet direct** *me, te, le, la, nous, vous, les*.

1. – C'est pour _____nous_____?

   – Oui, je _____vous_____ ai apporté un petit cadeau!

   – Merci, grand-mère, on _____ voit. Nous _____ aimons bien, ton cadeau.

→→→

2. Alex est sympa. J'aime bien travailler avec

_____. Il _____ aide

toujours. Et quand nous avons des devoirs, nous _____ faisons

ensemble.

3. – Regardez à côté de _____.

   – Pourquoi est-ce qu'il _____

   énerve comme ça? Qu'est-ce qu'il y a à côtè de _____?

4. – _____, je vais au cinéma. Et

   _____, Selma, qu'est-ce que

   tu fais? Tu veux _____ accompagner?

   – Non, je ne peux pas _____ accompagner. Sophie et Clara viennent.

   Je _____ attends ici.

5. Mes grands-parents habitent à la campagne.

   Je _____ déteste, la campagne.

   Mais j'adore mes grands-parents. Alors, je passe souvent le week-end chez

   _____.

Votre prof de sport, c'est _____?

Non, ce n'est pas _____. C'est _____.

Le verbe irrégulier *devoir* | Das unregelmäßige Verb *devoir*

Du sagst, dass du etwas tun musst:

Je **dois** ranger ma chambre.

➡ Dazu brauchst du:

das Verb *devoir*

Complète.

devoir (müssen)

je	_____
tu	_____ dois _____
il/elle/on	_____
nous	_____
vous	_____
ils/elles	_____
passé composé	_____ j'ai dû _____

Devoir ist ein Modalverb wie *pouvoir* und *vouloir*.

Tu dois venir à l'heure!

1 Complète par le verbe *devoir*.

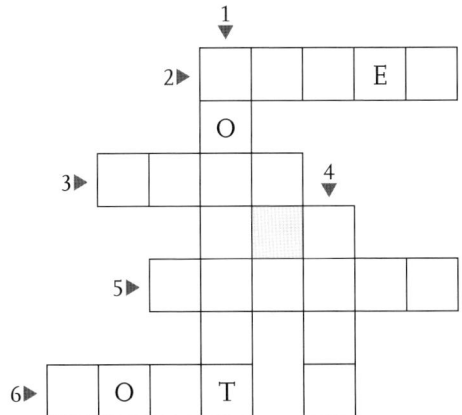

I. Les élèves _____ faire beaucoup d'exercices pour demain.

2. Le prof dit aux élèves: Vous _____ faire vos devoirs.

3. Claire, tu _____ venir tout de suite.

4. Il est tard. Je _____ rentrer maintenant.

5. Après l'école, nous _____ rentrer à la maison.

6. En classe, on _____ travailler.

Grammaire mixte

2 Complète par les verbes entre parenthèses.

I. **Louise:** On ___regarde___ un film? (ansehen)

Thomas: Non, je ne _____ pas parce que je _____

faire mes devoirs. (können, müssen)

2. **Louise:** Qu'est-ce que tu _____ faire pour demain? (müssen)

Thomas: Je _____ faire des devoirs de maths. Mais je ➜➜➜

_____ nul en maths. Tu _____ m'aider?

(müssen, sein, können)

3. **Louise:** Oui, bien sûr. Et toi, tu _____ m'aider en allemand?

J'_____ des devoirs aussi ... (wollen, haben)

Thomas: Pas de problème. Moi, j'_____ l'allemand. (lieben)

4. **Louise:** Qu'est-ce que vous _____ ce week-end? Est-ce que

vous _____ à la plage? (machen, gehen)

Thomas: Non, on _____ chez ma tante

Rosalie à la montagne. ((weg-)fahren)

Louise: Dommage. Moi, je _____ ici. (bleiben)

Überprüfe deine Lösungen. Du findest alle Lösungen online unter www.cornelsen.de/webcodes. Gib dort APLUS-2-101U ein.

Was hast du richtig gut gekonnt? Schreibe es hier auf:

_____

_____

Was musst du noch üben? Schreibe es hier auf. Lies zu diesen Themen die Regeln in deinem Grammatikheft nach und bitte deinen Lehrer / deine Lehrerin um Unterstützung.

_____

_____

VOLET 3

Le participe passé | Das Partizip Perfekt

Du sprichst über Vergangenes:

J'ai **attendu** le bus.

→ Dazu brauchst du:

das Partizip Perfekt

Complète.

alle Verben auf *-er*

préparer → **préparé**

regarder → _____

Verben auf *-re*

attendre → _____

répondre → **répondu**

Verben auf *-ir*

dormir → **dormi**

sortir → _____

unregelmäßige Verben

être → **été**

avoir → _____

faire → _____

prendre → _____

voir → _____

venir → _____

devoir → **dû**

pouvoir → _____

vouloir → _____

Tu as bien dormi?

1 Écris le *participe passé* des verbes.

vouloir aller attendre pouvoir
répondre visiter
commencer inviter

descendre perdre dormir "faire"
être
avoir prendre partir
venir
sortir

fait

−é   −du   −i   irrégulier

2 Complète. Mets les verbes entre parenthèses au passé composé.

1. **Charlotte:** Hier je _____ suis allée _____ (*aller*) en ville avec

   Monique. Nous _____ (*faire*) des courses et

   puis nous _____ (*prendre*) un jus de fruits

   dans un café. À quatre heures, mon amie Anne _____

   _____ (*venir*) aussi.

2. **Yann:** Vous _____

   _____ (*rester*) au café

   jusqu'à quelle heure?

3. **Charlotte:** Jusqu'à cinq heures. Monique _____

(*partir*) à cinq heures. Anne et moi, nous _____

(*aller*) au cinéma.

4. **Yann:** Qu'est-ce que vous _____ (*voir*)?

5. **Charlotte:** On _____ (*regarder*) *Shrek*. Mais

Anne _____ (*dormir*) un peu pendant le film.

Après le film, nous _____ (*rentrer*) à la

maison.

3 Fais des phrases. Mets les verbes au passé composé.

Salut Léo,

Comment ça va? Tu es bien rentré chez toi?

1. mercredi • faire • rallye • Montpellier

   <u>Mercredi, j'ai fait une rallye à Montpellier.</u>

2. mon groupe et moi • trouver • vite • solutions

   <u>Mon groupe et moi, nous</u> _____

   _____

3. après • nous • aller • parc

   _____

4. là • nous • jouer • ping-pong

   _____

5. ensuite • je • appeler • mère

_____

6. 5 heures • nous • entrer • café

_____

7. je • vouloir prendre • jus de fruits

_____

Mais quelle horreur: j'avais oublié[1] mon sac avec mon

argent et mon smartphone dans le parc!!

8. retourner • parc

Alors, nous _____

9. une fille de mon groupe • voir • sac

_____

10. je • dire «Merci» • à la fille

_____

11. puis • je • inviter • la fille • à un jus de fruits

_____

Elle est géniale!

À bientôt,

Tom

1 **j'avais oublié** ich hatte vergessen

Le passé composé et la négation | Das *passé composé* und die Verneinung

Du verneinst eine Handlung in der Vergangenheit:

Ils **n'**ont **rien** préparé.

➡️ **die Verneinung im** *passé composé*

Dazu brauchst du:

Mets les phrases au passé composé.

Eva ne danse pas.

→ Eva **n'a pas dansé** _____.

Lisa ne chante plus.

→ Lisa _____.

Bilal ne vient jamais à l'heure.

→ Bilal _____.

Il ne fait rien.

→ Il _____.

Merke:
Die Verneinungsklammer umschließt im *passé composé* das konjugierte Hilfsverb *avoir* oder *être*. Dann folgt das Partizip Perfekt.

Je n'ai pas trouvé la flûte.

J'ai trouvé la flûte.

1 Écris les phrases.

Le commissaire[1] pense le contraire[2].

> Hier? Mais je suis resté chez moi, j'ai mangé seul, puis j'ai rangé mon appartement. Après, j'ai écouté des CDs, j'ai regardé la télé. Ensuite, je suis allé au lit et j'ai dormi. Je ne suis pas sorti. Je ne suis pas allé rue du château, je ne suis pas entré chez Madame Brun, je n'ai pas pris son argent!

Hier, <u>il n'est pas resté chez lui,</u> _____

_____

_____

_____

_____

_____

1 **le commissaire** der Kommissar   2 **le contraire** das Gegenteil

2 Complète le texte. Utilise les verbes au passé composé.

Charlotte est partie avec sa classe. Elle raconte son voyage[1].

1. Nous _____ **sommes partis** _____ trois jours et nous

_____ à Paris. (wegfahren, hinfahren)

2. Nous _____ sur la tour Eiffel. (hinaufsteigen)

3. Puis, nous _____ sur les quais de la Seine et

nous _____ une promenade. (gehen, machen) →→→

4. Un soir, nous _____

_____ avec le groupe. (ausgehen)

5. Nous _____ au concert, parce que notre

prof _____. (nicht sein, nicht wollen)

6. Un jour, il _____ beau, alors nous

_____ faire des promenades en ville.

(nicht machen (*hier:* Wetter), nicht können)

7. Mais nous _____ beaucoup de choses

magnifique. (sehen)

8. Nous _____ trois jours super. (verbringen)

1 **le voyage** die Reise

Überprüfe deine Lösungen. Du findest alle Lösungen online unter
www.cornelsen.de/webcodes. Gib dort APLUS-2-101U ein.

Was hast du richtig gut gekonnt? Schreibe es hier auf:

_____

_____

Was musst du noch üben? Schreibe es hier auf. Lies zu diesen Themen die
Regeln in deinem Grammatikheft nach und bitte deinen Lehrer / deine
Lehrerin um Unterstützung.

_____

_____

VOLET 1

Le déterminant interrogatif *quel* | Der Fragebegleiter *quel*

Du fragst nach einer bestimmten Person/ Sache:

> **Quel** chanteur est-ce que tu aimes?
> **Quelle** bédé est-ce que tu aimes?

Dazu brauchst du:

➔ **den Fragebegleiter** *quel*

Complète.

	♂	♀
Singular	_____ livre est-ce que tu lis?	_____ couleur est-ce que tu préfères?
Plural	___Quels___ vêtements est-ce que tu aimes porter?	_____ chansons est-ce que tu écoutes?

Merke:
Nicht immer wird *quel* ...? mit „welcher ...?" übersetzt.
Tu as quel âge?   Wie alt bist du?
Il est quelle heure?   Wie spät ist es?

1 Complète par *quel*/*quelle*/*quels*/*quelles*.

1
_____Quelles_____ pommes est-ce qu'on achète?

2
_____ boissons[1] est-ce que tu aimes?

3
_____ livre est-ce que tu lis?

4
_____ film est-ce qu'on veut regarder?

5
_____ chanson est-ce que tu préfères?

6
_____ exercices est-ce qu'on fait, monsieur?

1 **la boisson** das Getränk

2 Forme des questions. Utilise *quel/quelle/quels/quelles*.

1. sport • faire

> Quel sport est-ce que tu fais? _____

2. fruits • acheter

_____

3. dans • ville • habiter

_____

4. dessert • manger

_____

5. musée • visiter

_____

6. bédés • aimer

_____

7. films • regarder .

_____

8. bus • prendre

_____

9. musique • aimer

_____

Le verbe irrégulier *lire* | Das unregelmäßige Verb *lire*

Du sagst, dass du etwas liest:

Je **lis** un magazine.

➔ Dazu brauchst du:

das unregelmäßige Verb *lire*

Complète.

lire (lesen)

je	_____		
tu	_____		
il/elle/on	_____lit_____		
nous	_____		
vous	_____		
ils/elles	_____		
Imperativ	_____	_____	_____Lisez._____
passé composé	_____		

Lisez le livre.
Il est magnifique!

1 **Complète par le verbe *lire*.**

1. – Tu as pris trop de farine, tu n'_____**as**_____ pas

_____**lu**_____ la recette? (*passé composé*)

– J'_____ la recette, mais je n'ai pas fait attention! (*passé composé*)

2. – Ta sœur et toi, combien de livres est-ce que vous _____
pendant les vacances?

– Nous _____ quatre ou cinq livres pendant les vacances.

3. – Qu'est-ce que tu _____ le soir dans ton lit?

– Je _____ des bédés.

4. Les élèves _____ la page 128.

Et le prof _____ les interros.

- -

Überprüfe deine Lösungen. Du findest alle Lösungen online unter
www.cornelsen.de/webcodes. Gib dort APLUS-2-101U ein.

Was hast du richtig gut gekonnt? Schreibe es hier auf:

_____

_____

Was musst du noch üben? Schreibe es hier auf. Lies zu diesen Themen die
Regeln in deinem Grammatikheft nach und bitte deinen Lehrer / deine
Lehrerin um Unterstützung.

_____

_____

VOLET 2

Le comparatif de l'adjectif | Der Komparativ der Adjektive

Du vergleichst Dinge/Personen miteinander:

Max est **plus grand que** Tom.

➡️ **die Steigerung der Adjektive (Komparativ)**

Complète.

Ton pull est _____*moins*_____ joli _____**que**_____ que ta chemise. **–**

Un pantalon est _____ beau _____ une robe. **=**

Cette robe est _____ chère _____ ce tee-shirt. **+**

Merke: Komparativ des Adjektivs

+ plus
= aussi   + Adjektiv   + **que**
– moins

Merke:

bon/bonne	gut
moins bon/bonne que	schlechter als
aussi bon/bonne que	genauso gut wie
meilleur/meilleure que	besser als

1 Compare. Utilise le comparatif avec ▬ *aussi*, ✚ *plus*, ▬ *moins*.

> Frank est <u>plus sympa que</u> _____ moi! (✚ *sympa*)

Mais non, Bastien, tu n'es pas _____ lui.
(▬ *sympa*)

Tu es _____ Frank.
(▬ *drôle*)

Et tu es beaucoup _____ Frank.
(✚ *intelligent*)

En plus, tu es bien _____ en maths _____ lui.
(✚ *bon* ⚠)

2 Compare et utilise le comparatif avec ▬ *aussi*, ✚ *plus*, ▬ *moins*.
Attention à l'accord!

1. Max • Alexis • ▬ grand

   <u>Max est moins grand qu'Alexis.</u>

2. mon pull • ton pull • ✚ joli

   _____

   _____

➔➔➔

3. les bédés • les livres • + drôle

_____

_____

4. bus • tram • = pratique

_____

5. notre maison • votre maison • + petit

_____

6. la géo • les maths • + intéressant

_____

7. Dior • Chanel • = célèbre

_____

_____

8. Clara • Sophie • + cool

_____

9. Samira • Laure • = content

_____

10. la robe rouge • la robe bleue • − beau

_____

Le déterminant démonstratif *ce* | Der Demonstrativbegleiter *ce*

Du weist auf eine bestimmte Person/ Sache hin:

Tu achètes `ce` pantalon?
Tu aimes `cette` chanteuse?

Dazu brauchst du:

→ **den Demonstrativbegleiter** *ce*

Complète.

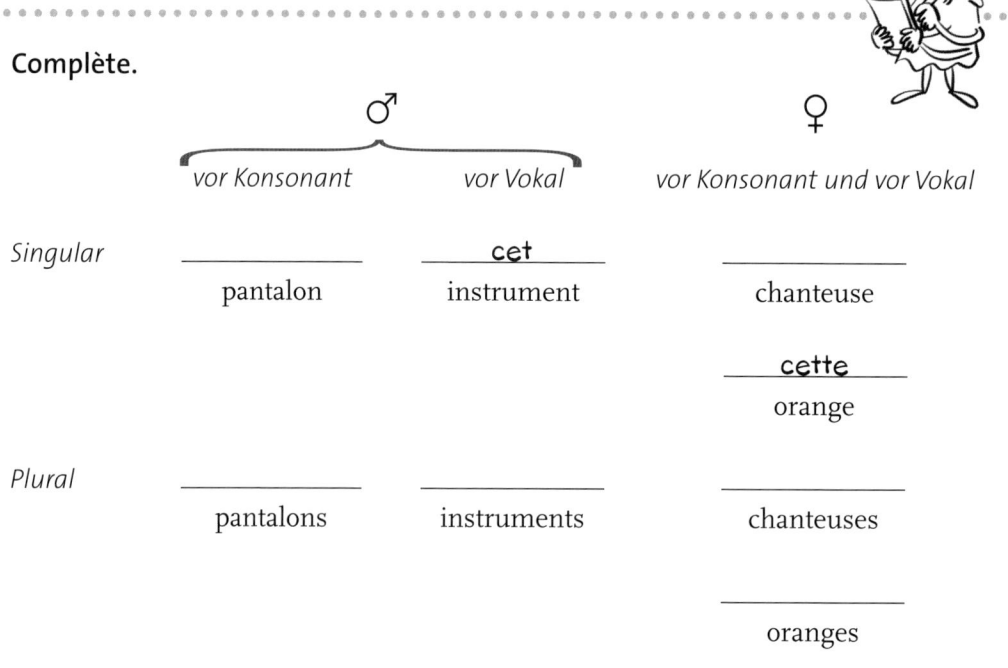

	♂		♀
	vor Konsonant	*vor Vokal*	*vor Konsonant und vor Vokal*
Singular	_____	__cet__	_____
	pantalon	instrument	chanteuse
			__cette__
			orange
Plural	_____	_____	_____
	pantalons	instruments	chanteuses
			_____
			oranges

Merke:

Cet verwendest du nur direkt vor einem maskulinen Nomen, das mit einem Vokal oder einem stummen *h* beginnt.

1 Complète par *ce*.

1 _Ces_ pains au chocolat[1] sont très bons.

2 Où va _____ bus?

3 Ma grand-mère habite dans _____ appartement.

4 On achète _____ oranges?

5 Comment s'appelle _____ place?

6 Regarde _____ poster! Il y a un feu d'artifice, demain.

1 **le pain au chocolat** das Schokocroissant

Grammaire mixte

2 Complète. Utilise le déterminant démonstratif *ce* ou le déterminant interrogatif *quel*.

1 _Ce_ livre est super! Et toi, _quels_ livres est-ce que tu lis?

2 – Regarde _____ filles.

– _____ filles? Ah, ce sont les sœurs de Bruno.

3 – Tu aimes _____ musique?

– _____ musique? Ah non! C'est l'horreur!

➔➔➔

4

– _____ chat est super sympa.

– Oui, je l'adore aussi. Et vous? _____ animaux est-ce que vous avez?

5

– _____ ordinateur est-ce que je prends?

– Achetez _____ ordinateur, monsieur. Il est génial.

6

_____ bédés sont trop cool. _____ bédés est-ce que tu as encore?

7

_____ enfant est vraiment super.

_____ âge est-ce qu'il a?

8

– Vous prenez _____ sac, madame?

– Non, je ne le trouve pas joli.

9

– On prends _____ salade?

– D'accord. Et _____ fruits est-ce qu'on achète pour le dessert?

Les adjectifs *beau* et *nouveau* | Die Adjektive *beau* und *nouveau*

Du sagst, dass etwas schön oder neu ist:

Je mets des **beaux** vêtements.
J'ai une **nouvelle** sonnerie de portable.

Dazu brauchst du:

→ **die Adjektive** *beau, nouveau*

Complète.

	♂		♀
	vor Konsonant	vor Vokal	vor Konsonant und vor Vokal
Singular	le __**beau**__ pull	le _____ instrument	la _____ robe/idée
	le _____ pull	le __**nouvel**__ instrument	la __**nouvelle**__ robe/idée
Plural	les _____ pulls	les __**beaux**__ instruments	les _____ robes/idées
	les _____ pulls	les _____ instruments	les _____ robes/idées

Merke:

Die Formen *bel* und *nouvel* verwendest du <u>nur direkt vor</u> einem maskulinen Nomen, das mit einem Vokal oder einem stummen *h* beginnt.

1   **Complète par les adjectifs *beau* ou *nouveau*.**

1

Tu as un ___nouveau___ vélo?

C'est un cadeau de ma tante. Il cst _____, hein?

2

Alors, tu as trouvé des _____ copains dans ta _____ école?

Oui, mais mes _____ profs sont assez sévères[1].

3

Tu as un _____ ami? Depuis quand?

4

C'est ta _____ copine? Elle est _____!

5

Où est-ce qu'ils habitent?

Dans cette _____ maison. Ils ont un _____ appartement.

6

Prends ta _____ jupe. Elle est aussi _____ que ta robe verte mais plus pratique.

1   **sévère** streng

2 Complète les phrases. Utilise l'adjectif entre parenthèses et mets-le à la bonne place. Pense à faire l'accord.

1. **Léo:** Mathis, tu as vu ces

   _____ belles _____ chemises

   _____ vertes _____ (schön/grün)?

2. **Mathis:** Oh, bof, je ne les trouve

   pas trop _____ (schön).

   Je n'aime pas les _____ vêtements _____ (neu).

   Je préfère porter mes _____ vêtements _____

   (praktisch).

3. **Léo:** Moi, j'aime porter des vêtements à la mode. J'adore le _____

   magasin _____ (neu) au centre-ville où ils ont toutes les

   _____ marques _____ (berühmt).

   Mathis: Mais ils coûtent trop, et en plus, les _____ marques

   _____ (neu) sont moches. Moi, je dépense mon argent pour

   m'acheter des bédés et des _____ CDs _____

   (interessant).

4. **Léo:** Tu as raison. Dans un an, ces _____ et _____

   marques (groß/neu) ne vont plus être à la mode. Mais on peut toujours

   écouter nos _____ CDs _____ (cool) et lire nos

   _____ bédés _____ (lustig).

Le verbe irrégulier *mettre* | Das unregelmäßige Verb *mettre*

Du sagst, dass du etwas trägst oder anziehst:

Qu'est-ce que tu **mets** pour la fête de Lisa? ➡ **das Verb** *mettre*

Dazu brauchst du:

Complète.

mettre (setzen, stellen, legen; auch anziehen)

je   _____

tu   _____ **mets** _____

il/elle/on   _____

nous   _____

vous   _____

ils/elles   _____

Imperativ   _____ _____ _____ **Mettez.** _____

passé composé   _____

Merke:
mettre: anziehen, tragen, setzen, stellen, legen
mettre la table: den Tisch decken
mettre le son plus fort: den Ton lauter stellen

1 La fête d'Ercan. Complète par les formes du verbe *mettre*.

1. Ercan _____met_____ les cadeaux sur son bureau.

2. Léon _____ la table.

3. Ercan et Léon _____ un poster au mur.

4. **Karim:** Tu _____ une robe, Selma?

5. **Selma:** Non, je _____ un top et un jean.

6. **Selma:** Vous _____ vos lunettes[1], les garçons?

7. **Karim:** Non, nous _____ nos casquettes[2].

8. **Matéo:** Moi, je _____ ma casquette rouge.

9. **Karim:** Et moi, je _____ ma casquette bleue.

1 **les lunettes** *f. pl.* die (Sonnen-)Brille   2 **la casquette** die Kappe, die Mütze

Grammaire mixte

2 Complète le dialogue par les verbes *mettre* ou *prendre*.

1. **Madame Mercier:** Les enfants, vous _____ **mettez** _____ la table, s'il vous plaît?

   Sandrine: Oui, maman.

2. **Madame Mercier:** Sandrine, tu

   _____ (*passé*

   composé) le fromage dans le frigo?

   Sandrine: Oui, Maman. Regarde, il

   est là.

3. **Madame Mercier:** Andrea, tu _____ un verre d'eau ou un

   verre de jus d'orange?

   Andrea: Je _____ un verre d'eau, s'il te plaît.

4. **Madame Mercier:** Vous _____ un dessert?

   Sandrine: Non, on va chez Alexis. Aujourd'hui, c'est son anniversaire.

5. **Madame Mercier:** Ah d'accord! Tu _____ (*passé composé*)

   ton jean bleu, Sandrine?

   Sandrine: Mais oui, regarde!

6. **Madame Mercier:** Il te va bien! Et toi, Andrea, qu'est-ce que tu

   _____ pour la fête?

   Andrea: Je _____ aussi un jean et un tee-shirt rouge.

➔➔➔

7. **Madame Mercier:** Et tes copines, qu'est-ce qu'elles _____,

Sandrine?

Sandrine: Mais maman, je ne sais pas. Ma copine Pauline _____

toujours des robes, mais Andrea et moi, nous _____ des jeans.

8. **Madame Mercier:** Alors, moi, je préfère le style de Pauline. Vous allez

ensemble chez Alexis?

Sandrine: Non, Pauline _____ le bus et nous

_____ le vélo.

9. **Madame Mercier:** Et Paul et Maxime?

Sandrine: Ils _____ aussi le vélo.

Überprüfe deine Lösungen. Du findest alle Lösungen online unter
www.cornelsen.de/webcodes. Gib dort APLUS-2-101U ein.

Was hast du richtig gut gekonnt? Schreibe es hier auf:

_____

_____

**Was musst du noch üben? Schreibe es hier auf. Lies zu diesen Themen die
Regeln in deinem Grammatikheft nach und bitte deinen Lehrer / deine
Lehrerin um Unterstützung.**

_____

_____

VOLET 3

Il faut + infinitif | *Il faut* + Infinitiv

Du sagst, dass etwas getan werden muss oder nicht getan werden darf:

Il faut mettre une casquette.
Il ne faut pas parler.

Dazu brauchst du:

➡ *il faut* + Infinitiv

Complète. Utilise *il faut* + infinitif.

Pour être bon en maths, _____ il faut faire _____ ses exercices. (*faire*)

Quand on mange, _____. (*ne pas parler*)

_____ trop de bonbons. (*ne pas manger*)

---

1   **Forme des phrases. Utilise *quand* et *il faut* / *il ne faut pas*.**

on a faim		aller au cinéma
on n'aime pas la musique	il faut	manger quelque chose
on déteste les films	il ne faut pas	aller à la piscine
on veut nager		aller au festival de hip-hop

1. Quand _on a faim, il faut manger quelque chose._

2. Quand _____

_____

3. Quand _____

4. Quand _____

2 Traduis ces règles de classe. Utilise et *il faut / il ne faut pas*.

1. Man muss seine Hausaufgaben machen.
2. Man muss während des Französischunterrichts Französisch sprechen.
3. Man darf während der Schulstunde nicht telefonieren.
4. Man darf im Mathematikunterricht nicht singen.
5. Während der Schulstunde darf man nicht träumen, man muss arbeiten.
6. Man darf nicht zu spät kommen.

1. Il faut faire ses devoirs.

2. _____

3. _____

4. _____

5. _____

   _____

6. _____

Le superlatif de l'adjectif | Der Superlativ der Adjektive

Du vergleichst Dinge/Personen miteinander:

C'est **le plus important**.

Dazu brauchst du:

➡ **den Superlativ der Adjektive**

Complète.

 ♂   ♀

Singular	**+ +**	le livre _____ le plus _____ intéressant	la matière _____ intéressante
	– –	le livre _____ intéressant	la matière _____ la moins _____ intéressante
Plural	**+ +**	les livres _____ intéressants	les matières _____ intéressantes
	– –	les livres _____ intéressants	les matières _____ intéressantes

Merke:

Nomen + $\begin{matrix} le \\ la \\ les \end{matrix}$ + $\begin{matrix} plus \\ moins \end{matrix}$ + Adjektiv

> Wenn du den Superlativ hinter das Nomen stellst, ist das immer richtig.

Attention aux formes irrégulières :

	Komparativ	*Superlativ*
bon/bonne bons/bonnes	meilleur/meilleure que meilleurs/meilleures que	le meilleur / la meilleure les meilleurs / les meilleures
gut	besser als	der/die/das beste, die besten

1 Traduis en français.

1. der interessanteste Film

   le film le plus intéressant

2. das beste Buch

   _____

3. die schönsten T-Shirts

   _____

4. die intelligentesten Schüler

   _____

5. die berühmteste Sängerin

   _____

6. das schönste Fahrrad

   _____

7. die unpraktischste Hose

   _____

8. das größte Auto

   _____

9. das kleinste Haus

   _____

2 **Complète les phrases. Utilise le superlatif.**

Venez ce soir au festival du cirque[1], vous allez voir les feux d'artifice <u>les meilleurs</u> du monde. (+ + *bon*)

1. Venez rigoler avec Rigolo, le clown ⎯⎯⎯⎯⎯⎯⎯⎯⎯ de la ville

   qui va vous raconter ses blagues ⎯⎯⎯⎯⎯⎯⎯⎯⎯ du mois.

   (− − *joli*, + + *drôle*)

2. Venez voir les animaux ⎯⎯⎯⎯⎯⎯⎯⎯⎯ du monde.

   (+ + *intéressant*)

3. Demandez quelque chose à Finesse, la tortue ⎯⎯⎯⎯⎯⎯⎯⎯⎯

   et ⎯⎯⎯⎯⎯⎯⎯⎯⎯. (+ + *intelligent*, − − *rapide*[3])

4. Voyez aussi Robusto, le chien ⎯⎯⎯⎯⎯⎯⎯⎯⎯: il peut jouer au

   foot avec vous. (+ + *sportif*)

5. En plus, il y a aussi Simba, notre lion[2]. C'est le lion ⎯⎯⎯⎯⎯

   ⎯⎯⎯⎯⎯⎯⎯⎯⎯ (− − *dangereux*). Il est

   l'ami de tous les enfants.

6. Entrez, entrez! Notre festival est ⎯⎯⎯⎯⎯⎯⎯⎯⎯ et

   ⎯⎯⎯⎯⎯⎯⎯⎯⎯ du monde! (+ + *bon*, + + *grand*)

1 **le cirque** der Zirkus   2 **le lion** der Löwe   3 **rapide** schnell

Grammaire mixte

3 Complète les phrases par les formes des verbes et des adjectifs entre parenthèses:

 ou ▬ → Mets les adjectifs au comparatif.

 ou ▬▬ → Mets les adjectifs au superlatif.

> Tu prends toutes les casquettes[1]?

1. Yann et Mathis entrent dans un _____petit_____ magasin. C'est

_____ magasin de la ville. Là, il y a toujours des

_____ vêtements. (*petit*, ➕➕ *bon*, *nouveau*)

2. Yann _____ (*prendre*) une chemise _____ et

beaucoup de casquettes. (*vert*)

Yann: Mathis, tu trouves que cette chemise est _____? (*joli*)

Mathis: Pas mal, un peu _____ peut-être. Mais regarde là-bas.

Ces tee-shirts sont _____ que la chemise et ils

sont _____ aussi. (*grand*, ➕ *joli*, ➖ *grand*)

1 **la casquette** die Kappe, die Mütze

➤➤➤

3. **Yann:** Mais je ne _____ (*mettre*) jamais des tee-shirts. Peut-

être les chemises sont _____, mais je les préfère.

Est-ce que cette _____ chemise _____ me va?

(█ *pratique, beau, rouge*)

Mathis: Elle est encore _____ que la chemise

_____. Ça ne te va pas. (█ *grand, vert*)

4. **Yann:** Mais c'est très à la mode. Aujourd'hui, on ne porte pas de tee-shirts

_____. Je _____ (*prendre*) la chemise

_____ et aussi le jean _____. Je trouve que ce

sont _____ vêtements du magasin. (*sportif, rouge, noir,*

█ █ *beau*)

5. **Mathis:** Je trouve que tu dépenses trop d'argent pour des vêtements! À mon

avis, les vêtements, c'est la chose _____

du monde. J'aime bien acheter des bédés et des livres. (█ █ *important*)

6. **Yann:** J'aime aussi acheter des bédés. Je

_____ (*lire*) seulement des bédes et des

mangas. Je les trouve _____ que les

livres. (█ *bon*)

Les verbes en *-yer* | Die Verben auf *-yer*

Du sagst, dass du etwas versuchst oder (an-)probierst:

Je vais ce pull vert.

Dazu brauchst du:

➡ **das Verb** *essayer*

Complète.

essayer (versuchen, probieren)

j'   _____

tu   ____ essaies ____

il/elle/on   _____

nous   _____

vous   _____

ils/elles   _____

Imperativ   _____   ____ Essayons. ____   _____

passé composé   _____

Das Verb *envoyer* wird genauso konjugiert wie *essayer*.

Il essaie la voiture et il la trouve super.

1 Complète par les verbes *essayer* ou *envoyer*.

Mme Bouvier: J'adore cette robe! Elle est belle,

je l'___essaie___.

La vendeuse: Madame, _____

aussi ce pantalon vert avec le pull.

Mme Bouvier: Non, merci, je n'aime pas les pantalons verts. Je ne

_____ pas les _____ (*futur composé*).

Charlotte: J'aime bien ces baskets rouges.

Sophie: Oh, elles sont belles! Tu les

_____?

Charlotte: Tu les trouves belles aussi? Alors,

nous les _____ ensemble.

Pendant les vacances, Julien _____

toujours une carte postale à ses grand-parents.

La grand-mère: Regarde, Julien _____

(*passé composé*) une carte de Montpellier!

Le grand-père: Elle est magnifique. Et nous, qu'est-ce qu'on

_____ à Julien pour son anniversaire?

La grand-mère: Pour son anniversaire, nous _____ un joli

cadeau à Julien: j'ai déjà une idée ...

Le verbe irrégulier *dire* | Das unregelmäßige Verb *dire*

Du drückst aus, dass jemand etwas sagt:

Qu'est que vous ?

Dazu brauchst du:

➡️ **das Verb** *dire*

Complète.

dire (sagen)

je   _____

tu   _____

il/elle/on   _____dit_____

nous   _____

vous   _____

ils/elles   _____

Imperativ   _____Dis._____   _____   _____

passé composé   _____

Merke:
être: vous **êtes**
faire: vous **faites**
dire: vous **dites**

> Qu'est-ce que tu as dit?

1 Complète le rap. Utilise *dire*.

1. Je _____ dis _____: «Bonjour!»

2. Tu _____: «Ça va!»

3. Il _____: «À bientôt!»

4. Elle _____: «Pourquoi pas?»

5. Nous _____: «Coucou[1]!»

6. Vous _____: «C'est tout?»

7. Ils _____: «À ce soir!»

8. Elles _____: «Au revoir!»

1 **Coucou!** Kuckuck!

Grammaire mixte

2 Complète les phrases par les verbes *voir*, *lire* ou *dire*.

1. **Sophie:** Maman! Où est ma robe bleue? Je ne la _____ vois _____ pas dans

mon armoire.

Madame Mercier: Qu'est-ce que tu _____ (*passé composé*),

Sophie? Je n'ai rien entendu. Je suis dans la salle de bains!

Sophie: Ah! Est-ce que tu _____ (*passé composé*) ma robe bleue?

Je ne la trouve plus.

Madame Mercier: Oui. Elle est

ici, dans la salle de bains.

➔➔➔

2. **Léa:** Maman! Où est mon jean?

Madame Mercier: Mais qu'est-ce que c'est? Vous ne _____ rien,

les filles! Ton jean, il est sur ton lit!

Léa: Super! Merci!

3. **Léa:** Bastien, je sais que tu _____ (*passé composé*) un de mes

mails. Je le _____ à Maman.

Bastien: S'il te plaît! Ne _____ rien à Maman.

Léa: D'accord. Mais Sophie et moi, nous ne _____ jamais tes

mails. Alors ne fais pas ça!

Bastien: Ah, mes sœurs, elles _____ tout!

4. Au salon.

Madame Mercier: Qu'est-ce que vous _____, les filles? C'est un

livre pour l'école?

Léa: Non, moi, je _____

une bédé de Tintin et Sophie

_____ un manga.

Léa et Sophie: Ce sont des cadeaux

de Bastien!

Madame Mercier: Qu'est-ce que vous _____? Des cadeaux de

Bastien pour vous? C'est sympa!

3 Complète le dialogue. Utilise les verbes encadrés.

> aller – apprendre (2x) – avoir (3x) – commencer – dire (3x) –
> faire (2x) – jouer – lire (3x) – vouloir – voir (2x)

1. **Alexandre:** Est-ce que tu _____ as vu _____

   (*passé composé*) le nouveau film d'Astérix et

   Obélix?

2. **Timéo:** Non, mais mon frère _____

   (*passé composé*) qu'il est génial!

3. **Alexandre:** Oui, je sais. Tu _____ le regarder avec moi ce soir?

4. **Timéo:** Oh non, je n'_____ pas le temps. Ce soir,

   j'_____ pour l'interrogation de demain.

5. **Alexandre:** Ah ... J'_____ une idée: nous

   _____ ensemble cet après-midi. Et ce soir, on

   _____ au cinéma ensemble.

6. **Timéo:** Non, cet après-midi, je _____ avec mon groupe. Nous

   _____ à deux heures.

7. **Alexandre:** Qu'est-ce que tu _____? Tu _____

   un groupe? C'est génial!

8. **Timéo:** Oui. Et toi, qu'est-ce que tu _____ cet après-midi?

   Alexandre: Je reste à la maison avec mon frère.

9. **Timéo:** Ah. Et qu'est-ce que vous _____?

10. **Alexandre:** Nous _____. Mon frère _____

une bédé. Et moi, je _____ un livre sur les

corridas[1]. Moi aussi, je voudrais faire des corridas un jour.

11. **Timéo:** Ah bon? Et tes parents, qu'est-ce qu'ils _____?

12. **Alexandre:** Mon père n'est pas contre. Mais ma mère _____

le danger[2].

Timéo: C'est normal, c'est ta mère.

1 **la corrida** der Stierkampf   2 **le danger** die Gefahr

4

Complète les phrases. Utilise:
● **les verbes entre parenthèses;**
■ **les pronoms personnels disjoints** *moi, toi, lui, elle, nous, vous, eux, elles;*
▲ **les déterminants démonstratifs** *ce, cet, cette, ces.*

1. Marie _____ envoie _____ ● (*envoyer*) un

mail à sa tante, Alice. Alice

_____ ● (*lire*) le mail, et elle

trouve super que Marie va venir chez _____ elle _____ ■. Alors, elle

_____ ● (*dire*) à ses enfants: Votre cousine Marie nous

_____ ● (*envoyer au passé composé*) un mail. Pendant les

vacances, elle _____ (*venir*) chez nous.

2. Lucas et Vincent, les enfants d'Alice, _____ ● (*lire*) toujours des

bédés.

→→→

Alice: Pourquoi est-ce que vous _____ ● (*lire*) toujours

____ces____ ▲ bédés? Vous n'aimez pas les livres?

Lucas et Vincent: Nous préférons les bédés parce que nous les

_____ ● (*lire*) vite.

3. **Lucas:** Je _____ ● (*descendre*) dans la cuisine et je

_____ ● (*prendre*) un jus de fruits. Et _____ ■,

qu'est-ce que tu _____ ● (*prendre*)?

Vincent: _____ ■, je _____ ● (*prendre*) _____ ▲

banane sur la table dans la cuisine.

4. **Le prof à ses élèves:** Vous _____ ●

(*envoyer*) un mail à vos correspondants, et après,

vous _____ ● (*descendre*) dans la cour. C'est déjà l'heure de la

récréation.

5. **La mère:** Pascal, range ta chambre. Regarde

_____ ▲ cartes, _____ ▲

livres, _____ ▲ magazines et

_____ ▲ accordéon sur ton lit!

Pascal: J'_____ ● (*envoyer*) vite

un texto, et ensuite, je range. J'_____ ● (*attendre*) aussi mon ami

Paul. Je veux sortir avec _____ ■.

La mère: Vous _____ ● (*sortir*) _____ ▲ soir? Vos amis

_____ ● (*venir*) avec vous?

Pascal: Je ne sais pas. Ils veulent voir un film d'horreur avec _____ ■,

mais nous préférons regarder un film drôle avec _____ ■!

Überprüfe deine Lösungen. Du findest alle Lösungen online unter www.cornelsen.de/webcodes. Gib dort APLUS-2-101U ein.

Was hast du richtig gut gekonnt? Schreibe es hier auf:

_____

_____

_____

Was musst du noch üben? Schreibe es hier auf. Lies zu diesen Themen die Regeln in deinem Grammatikheft nach und bitte deinen Lehrer / deine Lehrerin um Unterstützung.

_____

_____

_____

VOLET 1–2

On pourrait **+ infinitif** | *On pourrait* **+ Infinitiv**

Du machst Vorschläge:

On pourrait faire une fête.

➡️ *on pourrait* **+ Infinitiv**

Dazu brauchst du:

Complète.

1. _____On pourrait_____ aller à la piscine.

2. Est-ce qu'_____ faire une randonnée?

3. Demain, _____ aller à un festival de hip-hop.

1 **Complète le mail. Utilise** *on pourrait* **+ infinitif.**

À: Clémence

Salut Jana,

Tu vas venir chez moi à Nantes[1]. C'est super.

On pourrait jouer au ping-pong.

_____

_____

_____

_____

1 **Nantes** Stadt in Westfrankreich nah der Atlantikküste

Grammaire mixte

2 Complète les dialogues.

vouloir – prendre – retrouver – ~~il faut~~ – regarder – descendre – on pourrait

Clémence: Ce matin, _____il faut_____ aller à la

gare pour aller chercher mamie et papi. On

_____ la voiture?

Père: D'accord.

Mère: Mais où est-ce qu'on gare la voiture[1]? _____ aussi

prendre le bus.

Clémence: Mais non! _____, il pleut. Mamie et papi ne

_____ pas aller à pied quand il pleut. Et moi non plus.

1 **garer la voiture** das Auto parken →→→

Père: D'accord, on prend la voiture. Vous _____ et je vous

_____ devant la gare.

rester – avoir – dormir – on pourrait – dire – être –
il faut – vouloir – lire

La grand-mère _____ un livre

comme cadeau pour Clémence.

Clémence: Ah, merci mamie! J'adore! Cet après-midi, je _____

à la maison et je _____ ce livre. Notre prof _____

toujours: Pour apprendre _____ lire!

Mamie: Tu _____ le _____ (*futur composé*) tout

de suite? Papi et moi, nous _____ aller dans notre chambre et

nous _____ un peu. Nous _____ fatigués.

Mais ce soir, _____ faire quelque chose ensemble.

on pourrait – pouvoir – devoir – vouloir – sortir

Clémence: Super! _____ faire une

promenade ensemble.

Papi: Mamie et moi, nous ne _____ pas aller très loin. Mais

nous _____ bien aller au cinéma.

Père: Très bien. Alors, vous trois _____ au cinéma. Moi, je

_____ encore faire les courses pour demain.

Le déterminant *tout* | Der Begleiter *tout*

Du sprichst über das Ganze oder alle:

Ils jouent toute la journée.
Il voit toutes les fautes.

➡ **den Begleiter** *tout*

Dazu brauchst du:

Complète. Utilise *tout*.

	♂	♀
Singular	__tout__ le match das ganze Spiel	_____ l'équipe die ganze Mannschaft
Plural	_____ les matchs alle Spiele	_____ les équipes alle Mannschaften

Merke:
Tous/Toutes wird nicht immer mit „alle" übersetzt.

tous les jours	jeden Tag
tous les samedis	jeden Samstag
toutes les semaines	jede Woche

---

1 a **Complète par *tout* + l'article.**

__toute la__	_____	_____	_____
fête	spécialités	gâteau	plats

_____	_____	_____	_____
monde	classe	joueurs	matières

_____	_____	_____	_____
amis	album	amies	équipe

b Traduis les mots entre parenthèses et complète les phrases.

Laure raconte:

1. Dans ma famille, <u>tous mes frères</u> font

   du handball. Moi aussi. (alle meine Brüder)

2. J'ai entraînement _____. (jeden Tag)

3. Après le match, _____ est très contente.

   (die ganze Mannschaft)

4. Mon emploi du temps c'est l'horreur: je travaille _____

   _____! (die ganze Zeit)

5. Bientôt, c'est mon anniversaire et je veux inviter _____

   _____. (alle meine Freundinnen)

6. Le jour de la fête, _____ et

   _____ sont là. (alle Mädchen, alle Jungen)

2 Traduis les phrases. Utilise *tout* + l'article.

Du kannst den ganzen Kuchen
essen.

Aurélie und Max haben die ganze
Küche aufgeräumt.

<u>Tu peux manger tout le gâteau.</u> _____

_____ _____

Herr Dupuis hat die Einkäufe für die ganze Woche gemacht.

_____

_____

Aurélie hat alle Freunde aus ihrer Klasse eingeladen.

_____

_____

Paul und Max haben alle Fotos angesehen.

_____

_____

Armand hat alle Comics von Titeuf gelesen.

_____

_____

Bello hat die ganze Zeit geschlafen.

_____

_____

Sie spielen jeden Samstag Gitarre.

_____

_____

Le complément d'objet indirect | Das indirekte Objekt

Du verwendest ein Verb, das ein Objekt mit *à* anschließt:

Bilal parle **à son entraîneur**.

➡ Dazu brauchst du:

das indirekte Objekt

Complète.

Il parle ___à une dame___. (*une dame*)

Bilal téléphone _____. (*Gabriel*)

Marie demande _____. (*sa mère*)

L'élève répond _____. (*le professeur*)

Paul parle _____. (*les chiens*)

Merke:

Es gibt Verben, die ein direktes und ein indirektes Objekt anschließen können,
z. B. *donner qc à qn* („jdm etw. geben"), *montrer qc à qn* („jdm etw. zeigen").

Verb + *qn/qc*	= direktes Objekt	*qn = quelqu'un* = jemand
Verb + *à qn/qc*	= indirektes Objekt	*qc = quelque chose* = etwas
Verb + *qn/qc à qn/qc*	= direktes und indirektes Objekt	

---

1 **Note l'infinitif des verbes et leur compléments.** | Schreibe den Infinitiv der Verben und ihre Ergänzung auf.

1. Valentin parle aux gens. ___**parler à qn**___ (mit jemandem sprechen)

2. Lucie pense aux vacances.

_____

(an jemanden/etwas denken)

➜➜➜

3. Tarik téléphone à son copain. _____
   (mit jemandem telefonieren)

4. Marie joue au handball. _____ (etwas spielen)

5. Le prof demande aux élèves.

   _____

   (jemanden fragen)

6. Les élèves répondent au prof.

   _____

   (jemandem antworten)

2 a **Retrouve les phrases et écris-les.** | Finde die Sätze wieder und schreibe sie
auf.

1. tu • parents • à • vas • Qu'est-ce que • tes • dire • ?

   _____

2. la • «Merci» • à • Dis • dame • .

   <u>Dis «Merci» à la dame.</u> _____

3. pas. • à • Je • Demande • ne • Max. • sais • .

   _____

4. vas • professeur • tu • Qu'est-ce que • demander • au • ?

   _____

5. gens • Tu • trop • aux • parles • !

   _____

→→→

b Quelle phrase de **a** correspond à quelle phrase allemande? Note le bon numéro.

Grammaire mixte

2 a **Encadre le complément d'objet direct et encercle le complément d'objet indirect.** | Umrahme das direkte Objekt und umkreise das indirekte Objekt.

Tu as vu mon atlas ?

Non, mais demande à Antoine...

1. – Qu'est-ce que tu fais?

– Je montre des photos à mes copains.

2. – Madame, je cherche la rue Pasteur.

– Euh ... Attends, je vais demander au policier[1].

4. – Qu'est-ce qu'il y a? Tu ne viens pas?

– J'attends Léa. Elle parle au prof de géo.

1 **le policier** der Polizist

b **Traduis les phrases. Attention à la place des compléments!**

1. Madame Dulac zeigt Monsieur Gauthier den Weg

Madame Dulac montre le chemin à Monsieur Gauthier

2. Tarik gibt Lucie die Bonbons.

_____

3. Der Lehrer erklärt den Schülern die Aufgabe.

_____

4. Max schlägt seinen Freunden einen Ausflug vor.

_____

5. Marie telefoniert mit ihrer besten Freundin.

_____

Les verbes en -ir (type *réagir*) | Die Verben auf -ir (Typ *réagir*)

Du sagst, wie jemand reagiert:

Comment est-ce que les parents de Zoé **ont réagi**?

Dazu brauchst du:

➡ **das Verb** *réagir*

Complète.

réagir (reagieren)

je	_____réagis_____
tu	_____
il/elle/on	_____
nous	_____réagissons_____
vous	_____
ils/elles	_____
Imperativ	_____ _____ _____Réagissez._____
passé composé	_____

Weitere Verben, die wie *réagir* konjugiert werden, sind: *finir, agir, applaudir, réussir.*

Il réagit bien!

1 Complète par *réagir*, *finir*, *agir*, *applaudir* ou *réussir*.

1. – Beaucoup de gens _____ ne réagissent pas _____ (réagir) quand on

   agresse[1] une personne.

   – Alors soyez solidaire[2] et _____ (agir)!

2. – Monsieur, quand est-ce que le cours

   _____ (finir)?

   – Nous _____ (finir) à onze heures et quart.

3. – Céline, tu viens?

   – Attends, je _____ (finir) mon exercice.

4. L'équipe de Nathalie _____

   (réussir au passé composé), elle a gagné

   le match.

   Alors, les gens _____

   (applaudir) les joueurs.

5. – Notre entraîneur trouve que nous _____ (agir) très

   bien. Nous ne faisons pas de fautes!

   – Et moi, je trouve que vous _____ (réagir) aussi très

   vite! L'attaque de l'autre équipe ne _____ (réussir) pas

   à marquer un but.

1 **agresser qn** jdn angreifen   2 **solidaire** solidarisch

Grammaire mixte

2 Alexandre a beaucoup de questions. Traduis le dialogue.

1. **Alexandre:** Gehst du heute Abend mit mir aus? (*sortir*)

   (Est-ce que) Tu sors avec moi ce soir?

2. **Sophie:** Nein, ich habe keine Zeit. Meine Großeltern kommen zu uns und wir gehen (aus) ins Kino. (*venir, sortir*)

   _____

   _____

3. **Alexandre:** Hast du unser Spiel gestern gesehen? Wir haben es geschafft zu gewinnen. (*voir, réussir, gagner*)
   Sophie: Oui!

   _____

   _____

4. **Alexandre:** Und dein Bruder? Was macht er in seiner Freizeit?

   _____

5. **Sophie:** Er spielt Theater und er liebt es, wenn wir ihm applaudieren.

   _____

   _____

6. **Alexandre:** Hast du schon deine Deutsch-Hausaufgaben beendet?

   _____

7. **Sophie:** Nein, ich beende erst meine Mathe-Hausaufgaben.

   _____

8. **Alexandre:** Was lest ihr in Französisch?

_____

9. **Sophie:** Wir lesen einen Text über Belgien.

_____

10. **Alexandre:** Wohin fahrt ihr in den Ferien?

_____

11. **Sophie:** Wir fahren in die Camargue.

_____

Überprüfe deine Lösungen. Du findest alle Lösungen online unter www.cornelsen.de/webcodes. Gib dort APLUS-2-101U ein.

Was hast du richtig gut gekonnt? Schreibe es hier auf:

_____

_____

_____

Was musst du noch üben? Schreibe es hier auf. Lies zu diesen Themen die Regeln in deinem Grammatikheft nach und bitte deinen Lehrer / deine Lehrerin um Unterstützung.

_____

_____

_____

VOLET 3

Le discours indirect / L'interrogation indirecte | Die indirekte Rede/Frage

Du gibst wieder, was andere sagen/fragen: Dazu brauchst du:

Mathieu **dit que** c'est bon.
Max **demande si** c'est bon.   **die indirekte Rede/Frage**

Mets les phrases au discours indirect.

1. **Mathieu:** C'est très bon. → Mathieu _____ c'est très bon.

2. **Philippe:** Est-ce que tout est là? → Philippe ___ _demande si_ ___ tout est là.

3. **Nicolas:** Je peux poser le plat? → Nicolas _____ peut poser le plat.

4. **Paul:** Vous venez, les garçons? → Paul _veut savoir si les garçons_ viennent.

5. **Mathieu:** Tu m'entends, Sandrine? → Mathieu _____ l'entend.

Merke:

si + il	→ s'il	si + elle/elles	→ si elle / si elles
si + ils	→ s'ils	si + on	→ si on

Je me demande s'il
n'aime pas la tarte au riz.

1 Mets les phrases au discours indirect. | Forme die Sätze in die indirekte
Rede um.

1. Je suis en cinquième A.

   Mehdi dit qu'il est en cinquième A.

2. Je joue au foot avec mon copain Yann.

   _____

   _____

3. J'aime bien les bédés d'Astérix.

   _____

4. Mehdi demande à Sophie: Est-ce que tu joues d'un instrument?

   Mehdi demande _____

5. Mehdi demande à Jens: Tu fais du sport?

   _____

6. Mehdi demande aux copains: Vous jouez avec moi?

   _____

7. Mehdi demande aux copines: Est-ce que vous venez à ma fête?

   _____

Qu'écrit Julia dans son mail? Mets les phrases au discours indirect.
Utilise *elle dit/pense/trouve que* **ou** *elle demande si.*

À: Mathilde

Liebe Mathilde,
1. Ich bin Fan von Manuel Neuer und ich spiele auch Fußball.
2. Magst du ihn auch?
3. Neuer hat viel Talent und ich denke, dass er der beste Fußballspieler
   Deutschlands ist.
4. Hast du einen Lieblingsspieler?
5. Mit seiner Mannschaft hat er schon viele Spiele gewonnen.
6. Neuer arbeitet viel und ich denke, er hat nicht viel Freizeit.
7. Spielen wir zusammen Fußball, wenn ich nach Montpellier komme?

---

1. Julia dit qu'elle est fan de Manuel Neuer et qu'elle joue aussi au foot.

2. _____

3. _____

_____

4. _____

5. _____

_____

6. _____

_____

7. _____

_____

L'article partitif | Der Teilungsartikel

Du gibst eine unbestimmte Menge von etwas an:

Il faut encore **du** coca et **de l'**eau minérale.

Dazu brauchst du:

➡ **den Teilungsartikel**

Complète.

_du coca_____. (*le coca*)

Il achète _____. (*la charcuterie*)

Il faut _____. (*l'eau minérale*)

_____. (*les gâteaux*)

de + le = du
de + les = des

1 **Complète la recette par l'article partitif.**

Pour un gâteau au chocolat, il faut ____des____

œufs, _____ chocolat, _____

beurre, _____ farine et _____

sucre.

2 **Complète le dialogue par l'article partitif.**

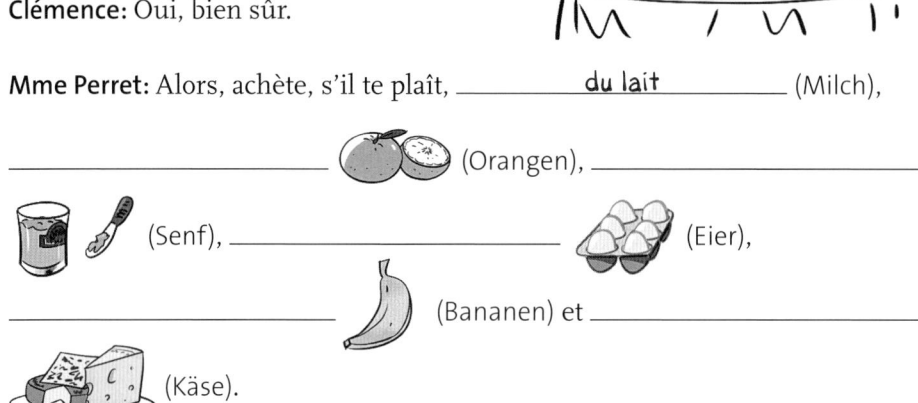

1. **Mme Perret:** Clémence, est-ce que tu peux aller au supermarché?

   Clémence: Oui, bien sûr.

   Mme Perret: Alors, achète, s'il te plaît, _____du lait_____ (Milch),

   _____ (Orangen), _____

   (Senf), _____ (Eier),

   _____ (Bananen) et _____

   _____ (Käse).

2. **Clémence:** Oui, attends, je fais une liste. Et pour ma fête? Qu'est-ce qu'il faut?

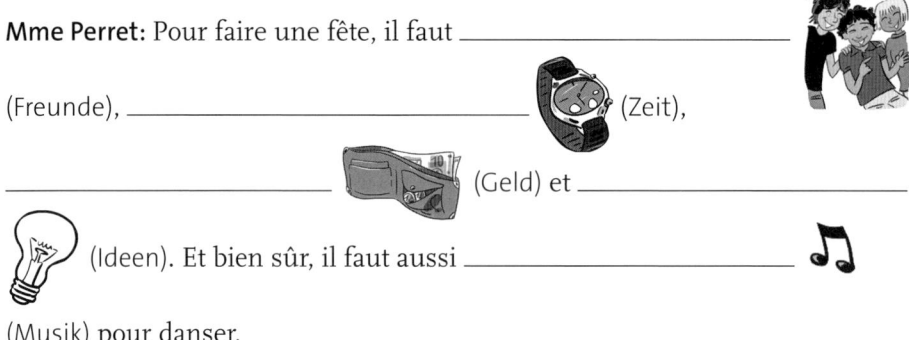

   Mme Perret: Pour faire une fête, il faut _____

   (Freunde), _____ (Zeit),

   _____ (Geld) et _____

   (Ideen). Et bien sûr, il faut aussi _____

   (Musik) pour danser.

3. **Clémence:** Arrête maman! Qu'est-ce qu'il faut acheter encore pour ma fête?

   Mme Perret: Il faut acheter _____ (Getränke)

   et préparer _____ (Kuchen).

4. **Clémence:** Alors je vais acheter _____ (Cola),

   _____ (Mineralwasser),

➔➔

_____ 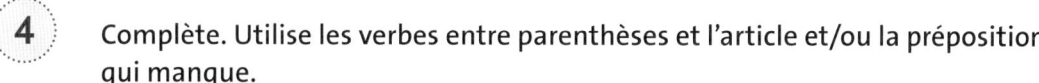 (Fruchtsaft) et _____

 (Mehl) pour les gâteaux.

Grammaire mixte

3 **Complète.**

> Attention à la négation *ne … pas de*!

Léa veut faire un gâteau, mais il n'y a plus ___**de**___

chocolat et il reste trop peu _____ œufs et _____

farine à la maison. Alors, Léa va acheter _____

chocolat, _____ œufs et _____ farine.

4 **Complète. Utilise les verbes entre parenthèses et l'article et/ou la préposition qui manque.**

1. Clara _____**va**_____ (*aller*) à un match de handball. Elle

_____ (*vouloir*) jouer _____**au**_____ hand aussi.

2. Clara _____ (*avoir*) rendez-vous avec son copain Julien. Julien

_____ (*faire*) _____**du**_____ hand depuis deux ans.

3. Quand Clara entre dans la cour

_____ école, elle

_____ (*voir*) Julien

qui l'_____

(*attendre*).

➜➜➜

4. Charlotte et Isabelle _____ (aller) au supermarché qui est

derrière le collège. Elles _____ (vouloir) préparer une une

tarte pour leurs amis.

5. Elles _____ (acheter)

_____ bananes, _____ oranges,

_____ beurre, _____ lait et

_____ pommes qu'elles

_____ (mettre) dans un sac.

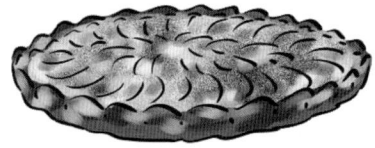

6. **Isabelle:** Est-ce que nous avons encore assez _____ sucre et assez

_____ farine?

Charlotte: Nous avons encore _____ farine, mais nous n'avons pas

beaucoup _____ sucre.

7. **Isabelle:** Maman, nous _____ (ne pas pouvoir) faire

notre tarte _____ pommes. Est-ce que tu _____

(pouvoir) nous aider?

8. Alors, Mme Bouvier et ses filles _____ (faire) la tarte

ensemble.

Le verbe irrégulier *connaître* | Das unregelmäßige Verb *connaître*

Du sagst, dass du etwas/jemanden (nicht) kennst:

Je ne **connais** pas encore la famille de mon correspondant.

Dazu brauchst du:

→ **das Verb** *connaître*

Complète.

je	_____
tu	_____
il/elle/on	connaît
nous	_____
vous	_____
ils/elles	_____
Imperativ	Connais. _____ _____
passé composé	_____

> Tu connais la plage à Carnon?

> Oui! Elle est magnifique!

1   **Complète le dialogue. Utilise** *connaître*.

1. **Marie:** Maxime, tu _____ connais _____ Madame Chenillat? C'est ma prof de

maths. Elle est super sympa!

➔➔➔

2. **Maxime:** Non, je ne la _____ pas. Mon prof de maths, c'est

Monsieur Flaubert. Il n'est pas trop cool!

3. **Sandrine:** Monsieur Flaubert? Pourquoi?

Maxime: Parce qu'il faut beaucoup travailler dans son cours. Vous ne le

_____ pas?

4. **Marie:** Non, nous ne le _____ pas mais mon frère le

_____. C'est son prof de maths aussi.

Maxime: Et alors?

5. **Marie:** Mon frère trouve qu'il est drôle.

Claude: Mes cousins le _____ aussi. Ils trouvent aussi

qu'il est sympa.

Maxime: Bof. Ses tests ne sont

pas sympa!

Grammaire mixte

2 **Compléte. Utilise les verbes entre parenthèses.**

1. Yann et Clémence, les copains de Charlotte, ne _____connaissent_____

(connaître) pas encore Julia, la correspondante de Charlotte.

2. Julia _____ (envoyer au passé composé) un mail que toute la

famille de Charlotte _____ (lire au passé composé).

3. Dans le mail, Julia _____ (raconter) qu'clle a 13 ans et qu'elle

_____ (connaître) bien la France.

→→→

4. Maintenant, Julia _____ (être) chez Charlotte à Montpellier. Elle demande à Yann et à Clémence:

Vous _____ (pouvoir) me dire combien de gens _____ (habiter) à Montpellier?

5. **Yann et Clémence:** Non, nous ne _____ (pouvoir) pas te dire combien de gens habitent ici. Mais nous _____ (essayer) de demander à notre père.

6. **Julia:** Est-ce que vous _____ (connaître) des villes en Allemagne?

7. **Charlotte:** Nous _____ (connaître) Berlin.

8. **Julia:** Et qu'est-ce qu'on _____ (faire au futur composé) ce soir?

9. **Charlotte:** On _____ (sortir) en ville? Qu'est-ce que vous _____ (dire)?

10. **Yann et Clémence:** Nous _____ (vouloir) bien mais nous _____ (ne pas pouvoir) sortir ce soir. Nous _____ (devoir) encore préparer l'interro d'allemand. Nous _____ (lire) un livre que nous _____ (ne pas comprendre) ...

11. **Julia:** Est-ce que je _____ (pouvoir) vous aider? Nous _____ (préparer au futur composé) l'interro d'abord

➜➜➜

et puis, nous _____ (*sortir au futur composé*) ensemble.

Et en plus, vous _____ (*devoir*) parler allemand avec moi

tout le temps!

12. **Yann et Clémence:** Génial. Nous _____

(*ne jamais connaître; au passé composé*) une fille aussi sympa que toi!

3 **Complète par les verbes donnés et** *quel/s, quelle/s* **(●).**

1. connaître – v̶o̶u̶l̶o̶i̶r̶ – aller – avoir

   _____Quelle_____ ● profession[1] est-ce que Yann _____veut_____ faire? Il

   n'_____ pas d'idée parce qu'il ne les _____ pas toutes.

   Alors, il _____ au

   bureau de sa mère pour connaître

   son travail.

2. connaître (2 x) – pouvoir – demander – dire

   Yann ne _____ pas le chemin.

   Il _____ à une dame: «Est-ce que vous _____

   la place de la Comédie?»

   La dame _____ l'aider. Elle lui _____

   _____ ● rue il faut prendre.

3. connaître (2 x) – dire

   La mère: Salut Yann! Est-ce que tu _____ déjà Marie et Henri?

1 **la profession** der Beruf

➔➔➔

Marie et Henri: Nous te _____ déjà un peu parce que ta mère

nous _____ chaque jour _____ ● chance elle a

d'avoir un fils comme toi.

4. dire – devoir (2 x) – lire – vouloir

La mère: Voici mon bureau. D'abord, nous _____ mes mails.

Et puis, nous _____ aller au bureau de Mme Pérec. Elle

m'_____ (_passé composé_) qu'elle _____ te voir

aussi.

Yann: D'accord. _____ ● mails est-ce que je _____ lire?

Überprüfe deine Lösungen. Du findest alle Lösungen online unter www.cornelsen.de/webcodes. Gib dort APLUS-2-101U ein.

Was hast du richtig gut gekonnt? Schreibe es hier auf:

_____

_____

Was musst du noch üben? Schreibe es hier auf. Lies zu diesen Themen die Regeln in deinem Grammatikheft nach und bitte deinen Lehrer / deine Lehrerin um Unterstützung.

_____

_____

_____

MODULE

Le pronom *en* | Das Pronomen *en*

Du willst ein direktes Objekt ersetzen:

– Tu veux des bonbons? – Oui, j' veux.

Dazu brauchst du:

das Pronomen *en*

Complète.

Est-ce que Max veut un smartphone?   – Oui, il _____ un.

Est-ce qu' ils ont des animaux?   – Non, ils n'_____ pas.

Est-ce qu'elles veulent du chocolat?   – Oui, elles ___**en veulent**___ beaucoup.

Est-ce qu'il fait du sport?   – Non, il n'_____ plus.

Est-ce que Zoé a un vélo?   – Oui, elle _____ deux.

Merke:
Direkte Objekte können durch direkte Objektpronomen ersetzt werden.
Steht aber vor dem direkten Objekt
– ein unbestimmer Artikel (*un, une, des*),
– ein zusammengezogener Artikel oder
– der Teilungsartikel (*de la, du, de l', des*),
dann ersetzt du das direkte Objekt durch das Pronomen *en*.
En ist unveränderlich.

1 Complète les dialogues par *en*.

1

Vous avez combien de vaches?

J'____en____ ai cinquante-quatre.

2 Combien de lait est-ce qu'il faut pour un kilo de fromage?

Quatre ou cinq litres[1]?

Non, il _____ faut douze. Vous pouvez _____ prendre un morceau[2].

1 **le litre** der Liter   2 **le morceau** das Stück(chen)

3 On achète une tablette de chocolat pour maman?

Oui. Et toi, tu n'_____ veux pas?

2 Réponds en français. Utilise *en*.

1. – Est-ce que tu as un ordinateur? – Ja, ich habe einen.

   – <u>Oui, j'en ai un.</u>

2. – Combien de bédés d'Astérix est-ce que tu as? – Ich habe zehn (davon).

   – _____

3. – Combien de matchs est-ce que ton équipe a gagné?
   – Wir haben acht gewonnen.

   – _____

4. – Combien de frères et sœurs est-ce que tu as?
   – Ich habe drei und ich liebe sie alle.

   – _____

   _____

5. – Est-ce que tu as des animaux? – Nein, ich habe keine.

   – _____

6. – Est-ce que tu as un smartphone? – Ja, ich habe eins.

– _____

7. – Est-ce que tu as un vélo? – Ja, ich habe eins.

– _____

8. – Combien d'œufs est-ce que tu as acheté? – Ich habe fünf (davon) gekauft.

– _____

9. – Est-ce que tu as une tortue? – Ja, ich habe eine.

– _____

10. – Est-ce que tu as des poissons? – Nein, ich habe keine.

– _____

Überprüfe deine Lösungen. Du findest alle Lösungen online unter www.cornelsen.de/webcodes. Gib dort APLUS-2-101U ein.

Was hast du richtig gut gekonnt? Schreibe es hier auf:

_____

_____

Was musst du noch üben? Schreibe es hier auf. Lies zu diesen Themen die Regeln in deinem Grammatikheft nach und bitte deinen Lehrer / deine Lehrerin um Unterstützung.

_____

_____

VOLET 1

Les pronoms objet indirect *lui, leur* | **Die indirekten Objektpronomen** *lui, leur*

Du ersetzt indirekte Objekte:

– Tu parles à Maurice?
– Non, je ne **lui** parle plus.

➡ **die indirekten Objektpronomen**

Dazu brauchst du:

Complète.

– Tu racontes cette histoire à ton copain? – Oui, je ___lui___ raconte cette histoire.

– Tu racontes la blague à ta sœur? – Oui, je _____ raconte la blague.

– Vous téléphonez souvent à vos

grands-parents?

– Oui, on _____ téléphone tous

les jours.

– Tu parles de tout à tes copines? – Oui, je _____ parle de tout.

Merke:
Das indirekte Objektpronomen *leur* hat <u>nie</u> ein *-s* und steht immer vor dem Verb.

Ce sont **leurs** crayons?

= Possessivbegleiter *leur/s*

Non, je **leur** ai donné mes crayons.

= indirektes Objektpronomen *lui/leur*

1 C'est qui? Souligne le nom qui correspond. | Wer ist gemeint? Unterstreiche das passende Nomen.

1. Paul **lui** envoie un mail.
    → à sa copine · à ses copains

2. Il **leur** présente sa copine. → à sa sœur · à ses parents

3. Julie **lui** explique son problème. → à sa mère · à ses profs

4. Madame Duval **leur** pose des questions. → à sa fille · à ses enfants

5. Julie et Paul **lui** apportent un cadeau.
    → à leur grand-mère · à leurs grands-parents

2 Souligne les compléments d'objet indirect dans les questions. Après, complète les phrases. Utilise *lui* ou *leur*.

Qu'est-ce que Maxime montre à son copain?

Il _____lui_____ montre ses photos d'un concert de Grégoire.

Qu'est-ce que Paul écrit à sa copine?

Il _____ écrit un mail. Il la trouve super.

Qu'est-ce que les jeunes disent à la journaliste?

Ils _____ disent qu'ils organisent la fête du collège.

Qu'est-ce que le monsieur montre aux jeunes?

Il _____ montre la région.

Qu'est-ce que Louise explique à ses parents?

Elle _____ explique pourquoi elle a eu une mauvaise note à son interro de maths.

3 Note d'abord l'infinitif avec le complément. Puis remplace les mots soulignés par un pronom objet direct (*le, la, les*) ou indirect (*lui, leur*).

expliquer qc à qn _____

a Charlotte, est-ce que tu peux expliquer les devoirs d'allemand <u>à Yann</u>?

b Oui, je peux _____ lui _____ expliquer les devoirs.

_____

a Tu vois les deux garçons qui agressent <u>ce petit</u> là-bas?

b Oui, je vois qu'ils _____ agressent. Viens, on va _____ aider!

_____

a Est-ce que la jambe fait mal <u>au petit</u>?

b Non, son bras _____ fait mal.

_____

a Est-ce qu'il va parler de l'attaque <u>à ses parents</u>?

b Oui, je pense qu'il va _____ parler de l'attaque tout de suite.

5

a _____

a Est-ce que les parents vont aider <u>leur fils</u>?

b Oui, bien sûr! Ils vont _____ aider.

6

a _____

a Stéphane, est-ce que tu connais <u>ces garçons</u>?

b Non, je ne _____ connais pas.

4 Complète. Utilise un pronom objet direct ou indirect.

1. De quatre à cinq, les élèves de la cinquième A ont cours avec Mme Leroc. Elle ___**leur**___ dit qu'aujourd'hui, ils vont écouter une chanson. Ils ___**l'**___ écoutent.

2. Mme Leroc _____ demande comment ils trouvent la musique. Charlotte _____ répond qu'elle _____ trouve super, mais qu'elle ne comprend pas les paroles[1]. Les élèves sont d'accord avec elle.

3. Alors, Mme Leroc joue la chanson encore une fois, deux fois … Elle demande si les élèves comprennent les paroles, maintenant. Oui, ils _____ comprennent assez bien.

1 **les paroles** *f. pl.* der Text eines Liedes

➜➜➜

4. Mais il y a beaucoup de mots qu'ils ne connaissent pas. La prof

_____ donne le texte et ils _____ lisent.

5. À la fin[2] du cours, Mme Leroc passe la chanson encore une fois et les élèves

_____ chantent aussi.

2 **la fin** das Ende

Überprüfe deine Lösungen. Du findest alle Lösungen online unter www.cornelsen.de/webcodes. Gib dort APLUS-2-101U ein.

Was hast du richtig gut gekonnt? Schreibe es hier auf:

_____

_____

_____

Was musst du noch üben? Schreibe es hier auf. Lies zu diesen Themen die Regeln in deinem Grammatikheft nach und bitte deinen Lehrer / deine Lehrerin um Unterstützung.

_____

_____

_____

VOLET 2

Les pronoms objet indirect *me, te, nous, vous* | **Die indirekten Objektpronomen** *me, te, nous, vous*

Du ersetzt indirekte Objekte:

– Le prof parle à Max?
– Non, il **nous** parle.

Dazu brauchst du:

die indirekten Objektpronomen

Complète.

Tu _____me_____ fais mal! (à moi)

Il _____ a pris ton sac? (à toi)

Ces brutes _____ ont fait peur. (à nous)

Ils veulent _____ faire peur aussi. (à vous)

Merke:
Mit den indirekten Objektpronomen *me, te, lui, ...* kannst du nur Personenobjekte ersetzen, die mit der Präposition *à* an das Verb angeschlossen werden (= *à qn*).

1 Complète les phrases par les pronoms objet indirect *me*, *te*, *nous*, *vous*.

1. **Julia, la corres de Charlotte:** Je ne connais pas bien Montpellier. Est-ce que tu _____ me _____ montres la cathédrale?

2. **Charlotte:** Oui, bien sûr, je vais _____ montrer la cathédrale. Est-ce que tu connais l'histoire de la ville?

3. **Julia:** Non, je ne la connais pas.

   Charlotte: Moi non plus. Alors, on va demander à Clémence. Elle a fait une interro sur l'histoire de la ville. Elle va _____ expliquer l'histoire.

4. **Julia:** Très bien. Et tu _____ as dit qu'on va aussi à la plage, d'accord?

   Charlotte: Oui, oui, on va à la plage le week-end. Clémence et toute ma famille vont _____ accompagner.

5. **Julia:** C'est super. ... Je veux _____ faire une surprise: j'ai des cadeaux pour vous.

6. **Charlotte:** Tu veux _____ faire des cadeaux? Tu es vraiment la fille la plus sympa!

7. **Julia:** Ta famille et toi, vous êtes super aussi! Et toi, tu es la meilleure corres du monde!

2 Complète les dialogues par un pronom objet indirect.

1 Tu peux ___m'___ expliquer ça?

Oui, je vais _____ expliquer ...

2 Les élèves sont super. Je vais

_____ proposer une balade

à la plage.

3 Vous voulez _____ parler?

Oui, nous voulons _____ raconter quelque chose.

4 10 euros, ou nous _____ prenons ton smartphone!

Je ne _____ donne rien.

5 Vous _____ faites mal!

Tu _____ donnes ton sac!

6 Mémé, tu _____ racontes encore une histoire[1]?

1 l'**histoire** *f.* die Geschichte

3 Traduis les dialogues. Utilise les pronoms objet indirect *me*, *te*, *nous*, *vous*.

1 Gebt ihr uns eure Adresse?

2 Der Lehrer hat mir das Problem erklärt, also habe ich verstanden.

Vous nous donnez votre adresse?

_____

_____   _____

3 Erzählen Sie uns etwas, Madame?

Ja, ich werde euch etwas erzählen …

4 Rufst du mich an?

Ich werde dich heute Abend anrufen.

– Madame, _____   _____

_____   _____

_____   _____

Grammaire mixte

4 Remplace les mots marqués par un pronom objet direct (*me*, *te*, *le/la*, *nous*, *vous*, *les*) ou indirect (*me*, *te*, *lui*, *nous*, *vous*, *leur*).

1. Nathalie téléphone à sa copine. Nathalie lui téléphone.

2. Clémence montre son chat aux copains.

_____ →→→

3. Deux garçons agressent Charlotte.

_____

4. Charlotte raconte l'histoire à Clémence et à Yann.

_____

5. Les élèves parlent à la surveillante.

_____

6. La surveillante écoute les élèves.

_____

5 Réponds aux questions. Utilise un pronom objet direct ou indirect.

1. – Est-ce que tu connais ces filles?

– Oui, je les connais. _____

2. – Est-ce que tu as déjà parlé aux filles?

– Oui, je _____

3. – Est-ce que tu as leur numéro?

– Non, je _____

4. – Est-ce que tu connais leur collège?

– Oui, je _____

5. – Est-ce que tu connais leur adresse?

– Non, je _____

6. – Est-ce que tu peux me présenter les filles?

– Oui, je _____

L'impératif négatif | Der verneinte Imperativ

Du forderst jemanden auf, etwas zu unterlassen:

Ne crie pas.
Ne criez pas.

Dazu brauchst du:

→ **den verneinten Imperativ**

Traduis.

Mach das nicht.   Ne fais pas ça.

Schlag ihn nicht.   _____

Hab keine Angst.   N'aie pas peur.

Sei nicht mehr traurig.   _____

Macht das nicht.   _____

Schlagt ihn nicht.   _____

Habt keine Angst.   _____

Seid nicht mehr traurig.   Ne soyez plus tristes.

Die Imperative von _avoir_ und _être_ sind unregelmäßig.

Merke:
avoir   _Aie. Ayons. Ayez._
être   _Soie. Soyons. Soyez._

1 Transforme les phrases. Utilise l'impératif négatif.

> 1. Il ne faut pas oublier vos devoirs.
> 2. Il ne faut pas parler allemand pendant le cours de français.
> 3. Il ne faut pas téléphoner pendant le cours.
> 4. Il ne faut pas chanter pendant le cours de maths.
> 5. Il ne faut pas rêver pendant le cours.
> 6. Il ne faut pas arriver en retard.

1. _N'oubliez pas vos devoirs._

2. _____

3. _____

4. _____

5. _____

6. _____

Grammaire mixte

2 Qu'est-ce que tu leur conseilles? Forme des phrases. Utilise l'impératif.

1. Ta copine est fatiguée. ~~sortir ce soir~~ / aller au lit

Ne sors pas ce soir, va au lit.

2. Tes parents ne sont pas en forme[1]. → ~~rester à la maison~~ / faire du sport

_____

3. Ton copain a mal à la jambe. → ~~jouer au foot cet après-midi~~ / regarder la télé

_____

4. Ta copine veut partir, mais tu ne veux pas. → ~~partir~~ / rester encore un peu

_____

5. Ta copine a perdu son sac. → ~~attendre~~ / aller le chercher

_____

6. Ton copain est malade. → ~~aller à l'école~~ / rester à la maison

_____

7. Tes copains veulent aller au cinéma, mais demain, vous faites une interro d'anglais. → ~~sortir~~ / apprendre pour l'interro

_____

8. Tes copains voient une fille qui est agressée. → ~~partir~~ / aider la fille

_____

9. Ta copine veut sortir avec Max. → ~~avoir peur~~ / inviter Max au cinéma

_____

10. Tes parents ne font rien avec toi. → ~~m'oublier~~ / faire une randonnée avec moi

_____

11. Ton copain a fait un zéro en anglais. → ~~être triste[2]~~ / travailler plus

_____

1 être en forme in Form sein, fit sein   **2 triste** traurig

Les adjectifs en -eux | Die Adjektive auf -eux

Du beschreibst Personen:

Ils sont **courageux**.

→ **die Adjektive auf** -eux

Dazu brauchst du:

Complète.

Singular   Il est _____.

Elle est _____ courageuse _____.

Plural   Ils sont _____.

Elles sont _____.

Du kennst aus dieser Gruppe die Adjektive *courageux* (mutig), *malheureux* (unglücklich), *dangereux* (gefährlich) und *honteux* (beschämend, empörend).

1   **Complète les phrases par** *courageux*, *dangereux* **ou** *malheureux*.

1. Fais attention. Les chiens de notre voisin sont _____ dangereux _____.

2. Yann a eu un zéro en maths, il est très _____.

3. Charlotte n'a pas peur. Elle est très _____.

4. Les filles de l'équipe de foot ont perdu le match.

   Elles sont _____.

5. Ne va pas loin, la mer est _____.

Grammaire mixte

2 **a** Relie les adjectifs féminins et écris les formes au masculin.

nu **1**	**A** velle	1 l: nul
cour **2**	**B** de	
mau **3**	**C** te	
gr **4**	**D** ande	
pré **5**	**E** gereuse	
be **6**	**F** teuse	
ver **7**	**G** férée	
dan **8**	**H** tite	
nou **9**	**I** lle	
hon **10**	**J** vaise	
mala **11**	**K** lle	
pe **12**	**L** ageuse	

b Traduis les phrases.

1. Sandrine hat niemals Angst, sie ist sehr mutig.

   Sandrine n'a jamais peur, elle est très courageuse.

2. – Schau mal, dieses schöne Kleid! – Das grüne Kleid?

   _____

3. Meine Schildkröte ist sehr klein und niemals krank.

   _____

4. Ich habe einen großen Bruder und zwei kleine Brüder. Mein großer Bruder ist mein Lieblingsbruder, weil er sehr mutig ist.

_____

_____

5. Ich bin schlecht in Erdkunde.

_____

6. Zwei große Mädchen greifen ein kleines an. Das ist empörend!

_____

7. Dieser Weg ist gefährlich. Pass auf!

_____

Überprüfe deine Lösungen. Du findest alle Lösungen online unter www.cornelsen.de/webcodes. Gib dort APLUS-2-101U ein.

Was hast du richtig gut gekonnt? Schreibe es hier auf:

_____

_____

Was musst du noch üben? Schreibe es hier auf. Lies zu diesen Themen die Regeln in deinem Grammatikheft nach und bitte deinen Lehrer / deine Lehrerin um Unterstützung.

_____

_____

VOLET 3

La négation avec *ne ... personne* | **Die Verneinung mit** *ne ... personne*

Weitere Verneinungen:

Je **ne** vois **personne**.

➡️ Dazu brauchst du:

die Verneinung mit *ne ... personne*

Complète.

Je _____ *ne* _____ frappe _____ *personne* _____ .

Tu _____ as vu _____?

Il _____ y a _____.

Il _____ va inviter _____.

Elle _____ veut parler à _____.

Merke:
Il n'y a personne.   Es ist niemand da. / Niemand ist da.

Il y a quelqu'un?

Non, il n'y a personne.

1 Réponds aux questions. Utilise *ne ... personne.*

1. – Est-ce que Paul aide les petits?

   – Non, il <u>n'aide personne.</u>

2. – Est-ce que tu connais quelqu'un à Paris?

   – Non, je _____

3. – Est-ce que tu montres les photos à tes copines?

   – Non, je ne _____

4. – Est-ce que Pascal et Henri racontent l'histoire à leur parents?

   – Non, ils _____

5. – Est-ce que tu invites tes amis?

   – Non, je _____

6. – Est-ce que vous voyez quelqu'un?

   – Non, nous _____

   _____

Grammaire mixte

2 **Dis le contraire. Utilise** *ne ... personne*, *ne ... jamais*, *ne ... rien.*

1. Max mange toujours à la cantine.

   Laura <u>ne mange jamais à la cantine.</u>

2. Paul attend ses copains dans la cour.

   Alex  ➜➜➜

3. Isabelle mange quelque chose avant le collège.

Camille _____

4. Hugo prend toujours le bus.

Arno _____

_____

5. Sophie et Hugo font quelque chose pour aider les petits.

Romain et Marie _____

6. Anne et Clara connaissent tout le monde.

Max et Julien _____

3 **Réponds aux questions. Utilise** *ne ... pas, ne ... personne, ne ... jamais,*
ne ... rien.

1. **Madame Dupuis:** Isabelle, est-ce que

tu connais Marie Pichon?

Isabelle: Non, je ne connais pas

Marie Pichon.

2. **Madame Dupuis:** Tu vas faire quelque chose ce soir?

Isabelle: Non, je _____

3. **Madame Dupuis:** Mais tu vas toujours au cinéma le mercredi?

Isabelle: Mais non, je _____

C'est le jeudi.

➔➔➔

4. **Madame Dupuis:** Tu veux inviter une copine?

    Isabelle: Non, je _____

    Je veux être seule[1].

    1 **seul/e** allein

5. **Madame Dupuis:** Alors tu vas lire un livre?

    Isabelle: Non, je _____

    Je vais écouter des CD.

6. **Madame Dupuis:** Est-ce que tu as déjà vu nos nouveaux voisins?

    Isabelle: Non, je _____

7. **Madame Dupuis:** Est-ce que Max t'a raconté qu'il a gagné le match?

    Isabelle: Non, il ne _____

8. **Madame Dupuis:** Qu'est-ce que vous avez fait à l'école aujourd'hui?

    Isabelle: Mais maman, nous _____

    On a fait une excursion.

9. **Madame Dupuis:** Tu vas parler à ton prof d'anglais demain?

    Isabelle: Non, je _____

10. **Madame Dupuis:** Est-ce que tu dois encore faire des devoirs?

    Isabelle: Mais non, le mercredi, je _____

    _____.

    C'est notre après-midi libre.

    Qu'est-ce que tu fais, Isabelle?

La mère d'Isabelle a beaucoup de questions.

Le verbe irrégulier *écrire* | Das unregelmäßige Verb *écrire*

Du sagst, dass du etwas schreibst:

J'**écris** un texto.

➜

Dazu brauchst du:

das unregelmäßige Verb *écrire*

Complète.

écrire (schreiben)

j' _____écris_____

tu _____

il/elle/on _____

nous _____

vous _____

ils/elles _____

Imperativ _____ ____Écrivons.____ _____

passé composé _____

Les élèves écrivent une interro.

(**1**) **Retrouve les formes du verbe** *écrire*.

A	S	É	C	R	I	S	O	N	Z
T	É	C	R	I	V	E	Z	I	R
D	O	N	N	É	C	R	L	T	U
É	C	R	I	V	E	N	T	E	R
I	G	É	C	R	I	V	O	N	S
É	C	R	I	S	E	C	H	U	V
S	M	E	Z	B	É	C	R	I	T
T	U	A	S	O	M	D	É	C	F

Grammaire mixte

2 Complète le dialogue par *écrire* ou *connaître*.

1. **Timo:** Qu'est-ce que vous _____ écrivez _____ là?

2. **Élisa et Marie:** Nous _____ un texto

   à Maya. Hier, elle nous _____

   (*passé composé*) un mail.

3. **Timo:** Maya? Je ne la _____ pas.

4. **Élisa:** C'est la fille du club de handball. Alex et Omar la

   _____ aussi.

5. **Timo:** Pourquoi est-ce que vous lui _____ un texto?

6. **Marie:** Elle _____ une plage fantastique. Nous voulons

   aller nager ensemble cet après-midi.

7. **Timo:** J'aime bien aller à la plage aussi. Mais aujourd'hui, j'ai rendez-vous

   avec Ben et Sophie. Vous les _____?

8. **Élisa:** Bien sûr. Nous les _____. Mais vous pouvez venir

   avec nous tous les trois.

9. **Timo:** Attendez, je leur _____ un texto pour demander. ...

   Et voilà déjà leur texto!

10. **Élisa:** Qu'est-ce qu'ils _____?

11. **Timo:** Ils trouvent que c'est une idée géniale!

3 Complète les phrases.
- ■ Utilise la bonne forme des verbes entre parenthèses.
- ● Utilise les pronoms objets indirect *lui* ou *leur*.

Quatre jeunes présentent leur star:

1. La star de Thomas, c'est sa prof

   de piano, Madame Novak parce

   qu'elle ■ _____ **est restée** _____

   (*rester au passé composé*) très sympa malgré[1] son succès[2]. Elle donne des

   concerts et elle donne des cours de piano aux élèves. Elle ● _____ **leur** _____

   montre comment jouer du piano avec beaucoup de passion[3].

2. La star de Bruno, c'est son père parce que dans son temps libre, il

   ■ _____ (*apprendre*) aux enfants du quartier à jouer au

   foot. Il ● _____ explique les règles. Et le soir, il explique les maths à

   Bruno. Il ● _____ ■ _____ (*dire*): Les maths, c'est

   important pour toute ta vie!

   Aujourd'hui, Bruno ● _____ ■ _____ (*répondre*):

   Les maths, c'est aussi important pour demain parce que demain, nous

   ■ _____ (*écrire*) une interro!

3. Samedi, Mathilde ■ _____ (*rencontrer au passé composé*)

   sa star, la chanteuse Nolwenn Leroy, après un concert. Nolwenn Leroy a

   même parlé à Mathilde. Elle ● _____ ■ _____

---

1 **malgré** trotz   2 **le succès** der Erfolg   3 **la passion** die Leidenschaft   →→→

(*répondre au passé composé*) à toutes ses questions. Elle est vraiment sympa!

Après, Mathilde _____ (*écrire au passé composé*) un

texto à sa copine.

4. Pauline et Max adorent leurs grands-parents parce qu'ils ▪ _____

(*être au passé composé*) déjà partout. Maintenant, leurs grands-parents

▪ _____ (*être*) en Tunisie. Ils ▪ _____

(*envoyer*) souvent des mails à Pauline et Max. Dans leurs mails, ils

● _____ parlent de leurs aventures.

Was hast du richtig gut gekonnt? Schreibe es hier auf:

_____

_____

_____

Was musst du noch üben? Schreibe es hier auf. Lies zu diesen Themen die Regeln in deinem Grammatikheft nach und bitte deinen Lehrer / deine Lehrerin um Unterstützung.

_____

_____

_____

VOLET 1–2

Les verbes pronominaux au présent | **Die reflexiven Verben im Präsens**

Du sagst, was jemand tut:

Les gens s'amusent.

Dazu brauchst du:

➡️ **reflexive Verben**

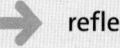

Traduis.

se baigner

je _____me baigne_____

tu _____

il/elle/on _____

nous _____

vous _____

ils/elles _____

s'entraîner

je _____

tu _____

il/elle/on _____s'entraîne_____

nous _____

vous _____

ils/elles _____

Ils se baignent.   Sie baden. (*se baigner* – baden)

Merke:
Ein französisches reflexives Verb entspricht nicht
immer einem deutschen reflexiven Verb und
umgekehrt.

1 Forme des phrases. Utilise les verbes pronominaux.

1. <u>Je me promène avec mes grands-parents.</u>

2. _____

3. _____

4. _____

2 Complète les phrases par les verbes pronominaux encadrés.

> s'amuser – se passer – se retrouver – s'entraîner – se baigner – se souvenir

Nouria, qu'est-ce qui ___<u>se passe</u>___ ?   Je _____ beaucoup.

Tu ne vas pas à l'école?

Nous _____.

On _____ à la plage.

Vous ne _____ pas? Il faut aller au lit!

Ils _____ beaucoup.

3 **Forme des phrases avec les mots donnés.**

1. je • se baigner • la mer

   Je me baigne dans la mer. _____

2. les gens • se souvenir de • le festival

   _____

3. vous • ne pas se promener • le parc

   _____

4. nos perruches • ne pas s'envoler

   _____

L'interrogation avec inversion | Die Inversionsfrage

Du stellst Fragen:

Qui êtes-vous?

Dazu brauchst du:

➔ **die Inversionsfrage**

Reformule les questions. Utilise l'interrogation avec inversion. |
Forme die Fragen um. Verwende die Inversionsfrage.

Est-ce que tu es magique?   _____Es-tu_____ magique?

Qu'est-ce qu'il fait?   Que _____?

Pourquoi est-ce que tu ne travailles pas?   Pourquoi _____?

Comment est-ce qu'il ose faire cela?   Comment ___ose-t-il___ faire cela?

Qu'est-ce qu'elle pense du livre?   Que _____ du livre?

Mais que fait-il?

Merke:
Endet das Verb in der 3. Person Singular auf
einen Vokal, schiebst du zwischen Verb und
Personalpronomen ein -t- ein, damit du Verb
und Personalpronomen beim Aussprechen
binden kannst, z. B. *ose-t-il*.

1 **a** **Qui demande quoi? Écris le numéro de la question dans la case.** | Wer fragt was? Schreibe die Nummer der Frage in das Kästchen.

1. Vous allez comment?
2. Comment est-ce que tu trouves cette robe?
3. Où est-ce qu'il y a des toilettes, s'il vous plaît?
4. Pourquoi est-ce que tu pleures?
5. Vous avez des sacs verts?
6. Qu'est-ce que tu fais là, Paul?

b **Réécris les questions. Utilise l'interrogation avec inversion.**

1. _____

2. _____

3. _Où y a-t-il des toilettes, s'il vous plaît?_____

4. _____

5. _____

6. _____

Grammaire mixte

2

Forme les questions. Utilise:
- ● l'interrogation avec inversion
- ■ l'interrogation par intonation
- ▲ l'interrogation avec *Est-ce que ...*.

1. – ▲ _____ **Est-ce qu'** _____ un grand garçon qui a agressé Luc?

– Oui, c'est un grand garçon qui l'a attaqué.

2. – ▲ _____ souvent les petits?

– Oui, il les frappe souvent.

3. – ● _____ un copain qui l'aide?

– Oui, il a un copain qui l'aide.

4. – ■ _____ aussi les portables aux petits?

– Oui, ils leur volent leurs portables.

5. – ▲ _____ Luc?

– Oui, Léa l'a aidé.

6. – ■ _____ la victime?

– Oui, je la connais bien.

7. – ● _____ tout de suite au principal?

– Oui, on doit lui parler tout de suite.

L'interrogation avec préposition + *qui/quoi* | Die Frage mit Präposition + *qui/quoi*

Weitere Fragemöglichkeiten:

De quoi est-ce qu'elle parle?

➡️ Dazu brauchst du:

die Frage mit Präposition + *qui/quoi*

Complète.

parler **de** qc	_____ De quoi _____	est-ce qu'elle parle?
parler **de** qn	_____	est-ce qu'elle parle?
penser **à** qn	_____	est-ce que tu penses?
penser **à** qc	_____	est-ce que tu penses?

qc = quelque chose = etwas
qn = quelqu'un = jemand

1 **Complète par** *à qui/quoi* **ou** *de qui/quoi*.

1 ___ De quoi ___ est-ce que vous avez peur?

Des poissons dangereux.

2 _____ penses-tu?

Aux vacances.

→-→-

3 _____ est-ce que tu écris?

À Émilie.

4 _____ parlent-ils?

Du demi-finale.

5 Félix, tu rêves? _____ est-ce que nous parlons?

Je ne sais pas, de Simenon?

Jules Verne

6 _____ est-ce que tu as parlé?

J'ai parlé à Sophie. On sort ensemble ce soir.

2 Pose des questions. Utilise *à qui/quoi* ou *de qui/quoi*.

1. <u>À qui est-ce que tu poses des questions?</u>

2. _____

3. _____

4. _____

5. _____

1. Je pose des questions à mon professeur.
2. Je pense à mon grand-père.
3. Je parle de mon ami.
4. Je parle d'une bédé intéressante.
5. Je pense à l'excursion[1] à Carnon.

1 **l'excursion** *f.* die Exkursion, der Ausflug

Grammaire mixte

3

Pose les questions. Utilise *est-ce que* **si necessaire et:**

À quoi – Avec qui – Que – De qui – De quoi – De quoi – Qui – Où – Quand

1. **De qui parle Charlotte?** _____

   Charlotte parle de sa correspondante Julia.

2. _____

   Yann aime lire les livres d'aventure.

3. _____

   Marie va au cinéma avec sa copine.

4. _____

   Lisa nage beaucoup pendant les vacances.

5. _____

   Max habite au centre-ville.

6. _____

   Nous nous souvenons bien de ta fête!

7. _____

   Ils ne font rien le week-end.

8. _____

   Elles jouent au rugby.

9. _____

   Nicolas est fan de Pauline Ferrand-Prévot.

Les verbes en -*ir* (type *offrir*) | Die Verben auf -*ir* (Typ *offrir*)

Du sagst, dass du jemandem etwas schenkst/anbietest:

Dazu brauchst du:

Pour son anniversaire, je lui **offre** une bédé. → **das Verb** *offrir*

Complète.

offrir (schenken)

j' _____offre_____

tu _____

il/elle/on _____

nous _____offrons_____

vous _____

ils/elles _____

Imperativ _____Offre._____ _____ _____

passé composé _____

Die beiden Verben *ouvrir* und *découvrir* werden wie *offrir* konjugiert.

Ils offrent des fleurs à leur grand-mère.

1 Complète les dialogues par *offrir* ou *ouvrir*.

Tu ___ouvres___ la porte, s'il te plaît?

Vous m'_____ cette robe?

La piscine _____ à onze heures.

Regarde, Alex a _____ son blog. Pas mal, les photos.

Marie, s'il te plaît, _____ la porte!

Grammaire mixte

2

Retrouve et note les formes des différents verbes en *-ir*.

1. vous avez réag	6. il fin
2. elles réuss	7. tu réag
3. tu as ouv	8. vous offr
4. ils ag	9. on applaud
5. nous applaud	10. j'ag

ez	is
i	ert
issons	issent
is	it
issent	it

→→→

1. <u>vous avez réagi</u>   6. _____

2. _____ 7. _____

3. _____ 8. _____

4. _____ 9. _____

5. _____ 10. _____

3 **Complète les phrases par les différents verbes entre parenthèses.**

1. Je n'<u>ai</u>_____ pas _____<u>entendu</u>_____ (entendre au passé composé).

   Tu _____ (répéter), s'il te plaît?

2. Jules et Valentin _____ (offrir) un

   gâteau à leur copine.

3. Dans la région de Montpellier, les touristes _____ (pouvoir)

   visiter beaucoup de grottes[1]. Laura et Max _____ (pouvoir

   au passé composé) visiter deux grottes déjà.

4. – Tu _____ déjà _____ (lire au passé composé) Harry

   Potter VI?

   – Non, mais je _____ le _____ (lire au futur

   composé) pendant les vacances d'été.

5. Nous _____ (voir) nos voisins tous les jours. Mais nous

   _____ (ne pas voir – au passé composé) nos grands-

   parents depuis longtemps. C'est super que nous _____ les

   _____ (voir au futur composé) ce week-end!   1 **la grotte** die Grotte →→→

6. Qu'est-ce que vous _____ (dire)? _____

(répéter), s'il vous plaît.

7. À mon anniversaire, j'_____ (ouvrir) mes cadeaux devant tout

le monde.

8. – Est-ce que tu _____

(apprendre au passé composé) les maths

pour mardi?

– Non. Nous _____ (apprendre) ensemble?

9. _____ (venir à l'impératif) vite! Le stade _____ déjà

_____ (ouvrir au passé composé) ses portes.

Überprüfe deine Lösungen. Du findest alle Lösungen online unter www.cornelsen.de/webcodes. Gib dort APLUS-2-101U ein.

Was hast du richtig gut gekonnt? Schreibe es hier auf:

_____

_____

Was musst du noch üben? Schreibe es hier auf. Lies zu diesen Themen die Regeln in deinem Grammatikheft nach und bitte deinen Lehrer / deine Lehrerin um Unterstützung.

_____

_____

MODULE

L'imparfait | Das *imparfait*

Du erzählst von etwas Vergangenem:

Au moyen âge, la cité **était** riche.
Les gladiateurs **luttaient** devant 24.000 personnes.

→ Dazu brauchst du:

das *imparfait*

Complète.

parler	nous parl~~ons~~ →	je	parl___ais___
manger	nous mang~~eons~~ →	tu	mange_____
offrir	nous offr~~ons~~ →	il/elle/on	offr_____
prendre	nous pren~~ons~~ →	nous	pren_____
aller	nous all~~ons~~ →	vous	all_____
avoir	nous av~~ons~~ →	ils/elles	av_____

Merke:
Es gibt nur eine Ausnahme im *imparfait*: être.
être → j'étais, tu étais, il/elle/on était, nous étions, vous étiez, ils/elles étaient

Quand Alexandre avait huit ans,
il rêvait d'avoir un chat.

Mets les phrases à l'imparfait.

1. Nous habitons dans un petit village près de Carnon.

   <u>Avant, nous habitions dans un petit village près de Carnon.</u>

2. Là, il y a un petit port[1] où je regarde souvent les bateaux.

   Avant, _____

   _____

3. Mes parents ont une petite maison.

   Avant, _____

4. Moi, j'aide toujours mon père qui est pêcheur[2].

   Avant, _____

5. Nous mangeons beaucoup de poissons, bien sûr.

   Avant, _____

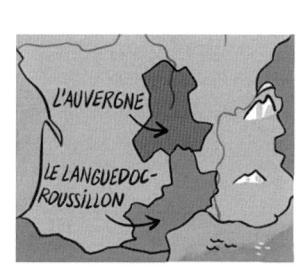

6. Moi, j'aime beaucoup la mer.

   Avant, _____

1 **le port** der Hafen   2 **le pêcheur** der Fischer

2

Forme des phrases. Utilise l'imparfait.

Aujourd'hui dans le Languedoc-Roussillon,

1. il y a beaucoup de touristes.

2. les gens se baignent beaucoup.

3. ils se promènent entre les murs de Carcassonne.

4. les gens font du sport extrême.

5. on joue beaucoup au rugby.

6. Montpellier compte 255.000 habitants.

➔➔➔

Autrefois[1], quand Yvon Leroy était petit,

1. <u>il n'y avait pas beaucoup de touristes.</u>

2. _____

3. _____

4. _____

5. _____

6. _____

1 **autrefois** früher

Grammaire mixte

3 **Complète les phrases par les verbes entre parenthèses et** _tout._

1. Yann et sa sœur Marie ____ **partent** ____ (_partir au_

   présent) en vacances. Ils _____ (_aller au_

   présent) chez leurs grands-parents en Languedoc-Roussillon. M. Leroy, le

   grand-père de Yann et Marie, _____ (_se promener au présent_)

   ____ **tous les** ____ jours avec eux.

   Aujourd'hui, il pleut, alors M. Leroy raconte d'autrefois[1]. Sa vie d'enfant les

   _____ (_intéresser au présent_) beaucoup.

2. **M. Leroy:** Quand j'_____ (_être à l'imparfait_) petit,

   j'_____ (_aller à l'imparfait_) à l'école à Montpellier.

   L'après-midi, _____ enfants _____ (_devoir à_

   l'imparfait) aider leurs parents.

1 **autrefois** früher ➔➔➔

3. **Yann:** Est-ce qu'il y _____ (*avoir à l'imparfait*) beaucoup de

touristes autrefois?

M. Leroy: Oui, oui. Les touristes _____ (*venir à l'imparfait*) de

Paris et d'Angleterre. _____ été, ils _____

(*se baigner au imparfait*) et _____ (*se promener à*

l'imparfait) sur _____ plages.

4. **Marie:** Qu'est-ce que ton père _____

(*faire à l'imparfait*)?

M. Leroy: Mon père _____ (*être à*

l'imparfait) pêcheur[2] sur un bateau. Mon frère et

moi, nous _____ (*travailler à l'imparfait*) souvent avec notre

père.

5. **Yann:** Vous _____ (*ne pas avoir – à l'imparfait*) peur

sur le bateau?

M. Leroy: Nous _____ (*avoir à*

l'imparfait) peur quand il y _____ (*avoir*

à l'imparfait) une tempête[3] très forte. Bon, maintenant,

nous _____ (*arrêter au présent*) nos histoires. Votre grand-

mère nous _____ (*attendre au présent*) dans la cuisine. Nous

_____ (*manger au futur composé*).

2 **le pêcheur** der Fischer   3 **la tempête** der Sturm

Überprüfe deine Lösungen. Du findest alle Lösungen online unter www.cornelsen.de/webcodes. Gib dort APLUS-2-101U ein.

Was hast du richtig gut gekonnt? Schreibe es hier auf:

_____

_____

_____

Was musst du noch üben? Schreibe es hier auf. Lies zu diesen Themen die Regeln in deinem Grammatikheft nach und bitte deinen Lehrer / deine Lehrerin um Unterstützung.

_____

_____

_____

Pour tes notes